Für Fragen, Anregungen oder weitere Informationen:
www.education-punk.de

Verlag: Education Punk Ltd.
Lektorat: Michael Kretzschmar, Nürnberg
Satz: Karoline Widur, Neumarkt i.d.Opf.
Druck: BoD – Books on Demand, Norderstedt

ISBN Print: 978-3-9817888-2-2

Inhalt

Danksagung

meine Familie: Kathrin & Renate Roski, Elke Holzinger und Tabea Hohbach.
Motivator für die Fertigstellung dieses Buches: Carlos Fischer Fernàndez.

Über den Autor

Dr. Florian Roski (geb. 22.09.1974) ist Investor und Gründerberater und lebt in Nürnberg. Seine universitäre Ausbildung begann mit einem betriebswirtschaftlichen Studium in Nürnberg. Nach seinem Studium, das er erfolgreich als Dipl.-Kfm. absolvierte, startete er seine berufspraktische Laufbahn in einem Start-Up Unternehmen im automotiven Sektor, welches sich schnell zu einem Systemdienstleister mit über 250 Mitarbeitern entwickelte. In dieser Zeit nahm Herr Dr. Roski verschiedene Führungspositionen wahr und ist bis heute dankbar für die Lektionen, die er von seinen Mentoren Herrn Johann Hofer und Herrn Rainer König lernen durfte.
Parallel zum Job absolvierte er ein kommunikationswissenschaftliches/psychologisches Studium, ein MBA-Studienprogramm mit internationaler Ausrichtung und einen Promotionsstudiengang in England. Herr Dr. Roski verließ das bisherige Unternehmen nach neun spannenden Jahren und gründete die Firma four-quarters VAS ltd., die heute unter der Firmierung four-quarters EXIST GmbH/four-quarters Wirtschaftssozietät GmbH mit über 350 Gründungsprojekten und 30 Kollegen als Nummer eins in Sachen Gründungsberatung in Franken positioniert ist.
Wie für ungeduldige Unternehmer üblich, hat Herr Dr. Roski früh damit begonnen, das Thema Ruhestandsvorsorge in die eigenen Hände zu nehmen. Er ist bis heute leidenschaftlicher Immobilieninvestor und hat sich über die Jahre hinweg durch Immobilienflips, aber primär durch die Ausrichtung auf Cashflow-Investitionen, seine Ruhestandsvorsorge aufgebaut. Sein Erfahrungswissen baut er dabei ständig weiter aus. Herr Dr. Florian Roski ist verbandsgeprüfter Bausachverständiger für die Bewertung von bebauten und unbebauten Grundstücken und arbeitet ehrenamtlich für DEGRIN - Begegnung und Bildung in Vielfalt e.V.

Dr. Florian Roski versteht es, Unternehmertum und Investment elegant zu verbinden und zählt zu den erfolgreichsten Fachberatern in seiner Region. Sein Anliegen ist es, mit diesem Buch das Thema „Mit Immobilien Vermögen aufbauen“ einfach und praxisnah zu vermitteln.

Dipl.-Kfm., Dr. Florian Roski, DBA, MBA, M-NLP
Havanna, Cuba

Vorwort

Da ich selbst immer versuche, mich auf das Wesentliche zu fokussieren, haben Vorworte für mich als Faktensammler eher zeitfressenden Charakter und sind damit überflüssiger Ballast.

Du wirst also verschont!

„Motivation", „Danksagung" und das Kapitel „Über den Autor" finde ich hingegen gut. Es zeigt Dir, was für ein Mensch hier am Ruder ist und warum dieser so schreibt, wie er schreibt und was genau mich bewogen hat, dieses Buch für Deinen Immobilienerfolg zu verfassen.

Transparenz sehe ich also als meine oberste Pflicht!

1 Motivation für dieses Buch

Dieses Buch ist ein Systemerklärer. Es zeigt, wie man mit System Immobilienvermögen aufbauen kann. Dabei spielt es keine Rolle, auf welchem wirtschaftlichen Niveau Du mit dem Vermögensaufbau beginnst, solange Du alle dargestellten Regeln sauber befolgst.

Obwohl Glück ab und zu eine Rolle spielt, ist es wesentlich wichtiger, seine Hausaufgaben zu machen, geduldig zu sein und die Immobilien aufzuspüren, bei denen alle Ampeln auf grün stehen. Denn grundsätzlich wirst Du im Leben nur so erfolgreich sein, wie Du wissend bist: Wächst Dein geistiges Gefäß, dann wächst auch Du und damit Dein Erfolg!

Meine Motivation, dieses Buch zu schreiben, ist es, Dir dabei zu helfen mit Immobilien wirtschaflich erfolgreich zu sein und endlich mal das zu diesem Thema zu sagen, was es zu sagen gibt! Ein Fachbuch hat nur dann eine Existenzberechtigung, wenn es für den Leser einen klaren Nutzen stiftet. Und genau das kann dieses Buch Dir bieten. Es soll Dir helfen, den Immobilienkauf, die Finanzierung, die darauf folgende Ernte und den damit verbundenen Vermögensaufbau zu verstehen. Dieses Buch widme ich auch meinen Studenten, die von dem Thema „Reich werden mit Immobilien“ scheinbar nie genug bekommen.

Wenn Du Dich also dafür interessierst, wie man mit der systematischen Anschaffung von Immobilien ein großes Vermögen aufbaut und Renditen von weit über 20 Prozent erzeugen kann, hast Du mit diesem Buch genau die richtige Blaupause erworben.

> **Merke:** Lies das Buch komplett. Lass kein Kapitel aus.
> Wissen ist der beste Schutz vor dummen Fehlern!
> Und warum solltest Du die Fehler wiederholen, die ich schon gemacht habe?

Immobilienkredite sind aktuell auf einem historisch niedrigen Zinsniveau. Hier lauert die Gefahr, dass sich viele Käufer aufgrund der aktuell niedrigen Zinsen und entsprechend niedriger Monatsbelastungen von zu hohen Einkaufspreisen überzeugen lassen. Zehn Jahre später, zum Zeitpunkt der Anschlussfinanzierung oder bei einem Notverkauf, könnte sich das als Bume-

rang erweisen. Kredite sind wie eine geladene Waffe zu behandeln, und zwar mit größter Umsicht, damit der Schuss nicht nach hinten losgeht. Respekt vor Schulden zu haben, ist wichtig!
Immobilien sollte man grundlegend mit dem Kopf und nicht mit dem Herzen erwerben, wenn man nachhaltig erfolgreich sein will. Wir Menschen neigen oft dazu, unsere Kaufentscheidungen eher unbewusst, emotional zu treffen und sind somit leichte Beute für starke Rechner oder gut geschulte Verkäufer. Im Folgenden werde ich Dich an die Hand nehmen und Dir zeigen, wie Du in Zukunft auch zu den Immobiliengewinnern gehören kannst.

Legen wir also los!

2 Das 1*1 des Immobilien Millionärs

Es war schon immer mein Traum, unabhängig zu sein. Reichtum und das große Geld als Selbstzweck sind mir persönlich weniger wichtig. Ich fahre keine großen Autos oder trage teure Kleidung, Schmuck oder Uhren. Geld hat für mich keinen Wert an sich, aber es ist „das Mittel" zu mehr Freiheit und Unabhängigkeit. Und dieses Mittel brauchen wir, um unsere Brötchen zu kaufen, unsere Konsumwünsche zu erfüllen und unseren Familien ein gutes Leben zu ermöglichen. Ein ausreichend großer Immobilienbestand ist für mich dabei das Mittel, um dem Frondienst der täglichen Arbeit zu entkommen.
Ich selbst glaube nicht, dass Geld glücklich macht. Aber ich glaube daran, dass zu wenig Geld ein Maß an Abhängigkeit und Zwängen mit sich bringt, die oftmals unglücklich machen können. Finanziell frei zu sein, bedeutet Kontrolle über das eigene Leben zu haben, mehr Optionen zu haben, um mit Lebenswidrigkeiten komfortabler umgehen zu können und damit weniger fremdbestimmt zu sein; Unabhängigkeit eben.

Immobilien als Altersvorsorge
Eine unliebsame Tatsache ist auch, dass wir aufgrund der demografischen Entwicklung und verschiedener politischer Eingriffe immer weniger gesetzliche Rente erhalten werden. Dieser Sachverhalt muss durch private Vermögensbildung kompensiert werden. Oft höre ich das Argument, dass man im Alter weniger Geld braucht. Ich kann dieser These nicht zustimmen. Wenn ich persönlich frei oder Urlaub habe, gebe ich wesentlich mehr Geld aus, als wenn ich arbeite und sozusagen vollbeschäftigt bin. Ich gehe auch davon aus, dass man aufgrund einer vielleicht altersbedingten gesundheitlichen Einschränkung wesentlich mehr Geld in die Hand nehmen muss, um das gleiche Maß an Lebensqualität zu erzeugen, wie es ein junger und gesunder Mensch hat. Das heißt, wenn ich auch im Alter zwischen vielen Optionen wählen möchte, brauche ich eher mehr als weniger Geld.

Wissen macht Dich zum Millionär
Geld selbst macht Dich nicht reich, sondern das Wissen darüber, wie Sachen funktionieren. Wenn ich über das richtige Wissen verfüge, kann ich mir damit immer wieder ein Vermögen aufbauen unabhängig davon wo ich wirtschaftlich stehe. Das heißt, dass Du Dich im ersten Schritt „schlau machen" musst, wenn du

als Immobilieninvestor erfolgreich sein willst. Eine erste gute Entscheidung hast Du ja schon getroffen: Du hast Dir dieses Buch gekauft, um ein System zu erhalten, das Dir zeigt, wie man mit Immobilien ein nachhaltiges Vermögen aufbauen kann. Unkenntnis ist der Hauptgrund für Fehlinvestments bei Immobilien.
Aufgabe dieses Buches ist es, Dir zu zeigen, wie man einen komfortablen Immobilienbestand aufbaut, aber auch wie man mit der ersten Immobilie durchstartet und was es dabei zu berücksichtigen gibt. Bevor ich aber nun mit dem Erklären beginne, solltest Du im ersten Schritt klar definieren, wo die Reise für Dich hingehen soll.

Merke: Nur wer sein Ziel kennt, kann es auch erreichen!

Meine Empfehlung an Dich: Visualisiere Dein Ziel. Denk darüber nach, was Du machen oder kaufen willst, wenn Du finanziell frei bist. Überlege Dir im Vorfeld, wie hoch Dein monatliches Nettoeinkommen aus Vermietung und Verpachtung sein soll, damit Du das Leben führen kannst, dass Du Dir schon immer gewünscht hast. Denn wenn Du Dein Ziel nicht kennst, weiß Du auch nicht, wann Du es erreicht hast und in der Regel auch nicht, wie genau Du es erreichen sollst. Wenn Dein Ziel zum Beispiel ein 5.000,00 Euro Monatseinkommen aus Vermietung ist, dann brauchst Du – wenn Du Dich auf kleinere Wohneinheiten speziallisieren möchtest – bei einer durchschnittlich angenommen Wohnungsnettokaltmiete von 500,00 Euro pro Monat, 10 abgezahlte Wohnungen oder 20 teilabgezahlte Wohnungen mit dieser Miethöhe, um Dein Ziel zu erreichen.

Es geht los: Die Immobilie als Geldmaschine

Um eine Immobilie zur Geldmaschine zu machen, muss man im ersten Schritt klären: Was ist eine Geldmaschine? Für mich ist eine Geldmaschine ein System, welches nach dem Start Geld produziert, ohne dass ich weiterhin viel Arbeit investieren muss. Unter dem Start verstehe ich dabei die Auswahl des richtigen Objektes, die Finanzierung des Objektes und die Auswahl des geeigneten Mieters. Diese drei Elemente müssen bedacht aufeinander abgestimmt werden, so dass die Immobilie Geld produzieren kann. Wie bei einer normalen Maschine kommt es auf die richtige Einstellung an, um das System im Profitbereich zu fahren. Dem Geheimnis bei der Installation einer Immobilie als lukratives Investment liegt eine einfache Rechnung zu Grunde, die

Du mit einem einfachen Taschenrechner nachvollziehen kannst und dessen Einhaltung oberstes Gebot sein sollte. Mein persönlicher Favorit ist der Kauf einer einfachen Etagenwohnung. Selbstverständlich kann meine Vorgehensweise auch auf alle anderen Immobilientypen angewendet werden. Meine „Musterimmobilie“ sieht dabei wie folgt aus. Bitte nicht erschrecken über die Fülle an Informationen. Am Ende des Buches hast Du den Durchblick:

Musterimmobilie:

- 2 Zimmer-Wohnung
- 66 m^2 Wohnfläche
- Angebotspreis: 99.000,00 €
- Angebot ohne Makler
- Kaltmiete: 575,00 €/Monat
- Nicht umlagefähige Kosten: 75,00 €/Monat
- Umlagefähige Kosten: 140,00 €/Monat
- Grundsteuer: 9,00 €/Monat
- 2. OG ohne Fahrstuhl
- Ohne Stellplatz/Garage
- Kleiner Balkon/Kellerabteil
- Guter Grundriss
- WC und Bad getrennt
- Allgemeinzustand Wohnung: Letzte Sanierung vor 14 Jahren
- Gasetagenheizung: 7 Jahre alt

Hauszustand:

- Baujahr: 1910
- In einem reinen Mehrfamilienhaus mit 10 Wohneinheiten
- Baustil: Jugendstil/Sandstein
- Keine Wärmedämmung, Altbau
- Kein Denkmalschutz
- Allgemeinzustand Haus: OK
- Instandhaltungsrücklage: 0,00 €
- Kein Renovierungsstau
- Letzte Dachsanierung: Vor 10 Jahren
- Alter der Fenster: 8 Jahre

Umfeld:

- Die Wohnung befindet sich in B Lage
- Gute Wohninfrastruktur im Umfeld
- Gut an öffentliche Verkehrsmittel angebunden
- In größerer Stadt mit 500.000 Einwohnern in Süddeutschland
- Positive Job- und Bevölkerungsentwicklung bis 2030 zu erwarten

***Abb. 1:** Die Musterimmobilie.*

Erfolgskennzahlen

Um den Erfolg einer Investition zu bewerten, wird als Erfolgskennzahl die Rendite eingesetzt. Die Rendite beschreibt das Verhältnis zwischen Auszahlungen und Einzahlungen einer Kapitalanlage und misst in Prozent den erwirtschafteten Überschuss innerhalb eines Jahres. Mit der Kennzahl Rendite vergleiche und beurteile ich die Attraktivität der verschiedenen Anlageformen. Umso höher die Rendite, desto lukrativer ist auch das Investment. Renditebeispiel: Die Rendite eines Sparbuches, welches eine Verzinsung von einem Prozent auf das eingezahlte Kapital anbietet, erwirtschaftet also entsprechend eine Rendite von einem Prozent pro Jahr. Ich selbst nutze die Rendite meines Tagesgeldkontos immer als Vergleichsmaßstab für alternative Investments. Zurück zur Immobilie: Es geht also bei der Immobilie darum, wie man aus einer Vielzahl von Immobilienangeboten mit wenig Zeitaufwand die Renditebringer herausfiltern kann. Ich selbst lege mir dazu eine Mindestrendite als Auswahlkriterium fest.

Hier hat jeder Immobilieninvestor seine eigene Präferenz und diese Zielmarke wird regelmäßig an verschiedene Gegebenheiten angepasst, wie beispielsweise dem aktuellen Zinsniveau für die Aufnahme von Immobiliendarlehen oder auch die Marktnachfrage und das Marktangebot. Tatsache ist aber, dass je höher die Rendite Deiner Immobilie ist, desto schneller funktioniert Dein Vermögensaufbau. Bei der Immobiliensuche ist meine aktuelle persönliche Mindestanforderung, bezogen auf die gesamten Anschaffungskosten, zwischen 6,00 und 7,00 Prozent Rendite. Meine Immobilie sollte also mindestens eine Gesamtkapitalrendite von 6,50 Prozent erwirtschaften. Ich habe nicht vergessen, dass ich Dir zu Beginn Renditen von über 20 Prozent in Aussicht gestellt habe. Du musst Dich an dieser Stelle noch ein bisschen gedulden. Hier geht es sozusagen um die Vorspeise. Um bei der Immobilienauswahl keine Zeit zu verlieren und um die Immobilienangebote entsprechend schnell bewerten zu können, bediene ich mich einer kleinen Rechnung, mit dessen Hilfe man schnell und zuverlässig das bestehende Immobilienangebot mitlaufend scannen kann, ohne viel Zeit dabei zu verlieren. Alle folgenden Rechnungen orientieren sich am Kauf unserer Musterwohnung. Damit Du meine Rechnung besser verstehen kannst, habe ich diese in zwei Schritte unterteilt:

- **Schritt 1: Berechnung der Nettojahreskaltmiete:**

Im ersten Schritt berechne ich die Nettokaltmiete, die durch die ausgewählte Immobilie pro Jahr erwirtschaftet wird. Wenn die Immobilie bereits vermietet angeboten wird, schaue ich mir die aktuelle Kaltmiete der Immobilie an. Wird die Wohnung unvermietet angeboten, dann suche ich vorher in den üblichen Immobiliensuchmaschinen nach ähnlichen Objekten in ähnlicher Lage und informiere mich so über die anzunehmende Kaltmiete für das Objekt. Auf der Internetseite www.education-punk.de findest Du eine Auswahl von gängigen Immobiliensuchmaschinen, die dir helfen können, geeignete Immobilien zu finden.

In unserem Beispiel ist die Musterwohnung vermietet und die aktuelle monatliche Kaltmiete beträgt: 575,00 Euro. Da sich die Nebenkosten in „umlagefähige Kosten“ (Kosten, die vom Mieter zu tragen sind) und „nicht umlagefähige Kosten“ (Kosten, die vom Vermieter zu tragen sind) aufteilen, ziehe ich von der Kaltmiete die nicht umlagefähigen Kosten ab, um so meine monatliche Nettokaltmiete zu erhalten. Da mich bei der Renditeberechnung nur Jahreswerte interessieren, multipliziere ich die Nettokaltmiete mit zwölf (Monaten) und erhalte so die Nettojahreskaltmiete. Bei unserer Musterimmobilie lautet die Rechnung also wie folgt:

Objektdaten:

- Kaltmiete: 575,00 €/Monat
- Nicht umlagefähige Kosten: 75,00 €/Monat

Rechnung:

01: Kaltmiete abzgl. nicht umlagefähige Kosten = Nettokaltmiete pro Monat
575,00 € - 75,00 € = 500,00 €

02: Nettomiete pro Monat mal 12 Monate = Nettojahreskaltmiete
500,00 € * 12 Monate = 6.000,00 €

***Abb. 2:** 1. Schritt: Berechnung der Nettojahreskaltmiete.*

Wenn ich für eine Immobilie aus einer Zeitungs- oder Onlineanzeige die Nettojahreskaltmiete berechnen will und es werden in der Anzeige weder die monatliche Kaltmiete noch die nicht umlagefähigen Kosten angegeben, arbeite ich erst mal mit Annahmen (ich stell Dir diese Annahmen gleich vor), um das Angebot quickzuchecken. Wenn sich das Angebot nach dem Quickcheck als lukrativ erweist, nehme ich Kontakt mit dem Verkäufer auf, frage dann die „richtigen" Daten (Fakten) ab und wiederhole meine Berechnung. Für die Kaltmiete nehme ich die übliche Durchschnittsmiete vor Ort für eine Wohnung in der entsprechenden Größe an, und als „nicht umlagefähige Kosten" nehme ich in der Praxis für eine 2-Zimmerwohnung einfach 75,00 Euro an. Damit liege ich in der Regel ganz gut. Wenn Du hier noch keine Erfahrung hast, empfehle ich Dir die verschiedenen Online-Immobilienportale zu besuchen. Hier bekommt man nach kurzer Zeit ein gutes Gefühl dafür, welche Mietpreise am jeweiligen Markt zu erzielen sind und welche Nebenkosten anfallen. In der Realität reduziert sich meine Ertragssituation noch durch anfallende Reparaturen am Sondereigentum und durch Sonderumlagen der Eigentümergemeinschaft. Beim Quickcheck lasse ich diese Komponente aus Vereinfachungs- und Zeitgründen einfach weg und arbeite hier entsprechend mit einer höheren Renditeerwartung, um diese Kosten zu kompensieren. Letztendlich will ich mit dieser Berechnung erfahren, welche Nettoeinnahmen die Immobilie pro Jahr erwirtschaftet, unberücksichtigt von Zinszahlungen an die Bank, Sonderumlagen und ungeplanten Renovierungsinvestitionen.

In unserem Beispiel erwirtschaftet die Musterimmobilie eine Nettojahreskaltmiete von 6.000,00 Euro und damit lässt sich eine erste Einschätzungsrechnung wunderbar durchführen.

- **Schritt 2: Berechnung der Gesamtkapitalrendite:**

Um nun zu prüfen, ob die gewählte Musterimmobilie den erwarteten Renditeanforderungen entspricht, berechnen wir nun auf Basis der Nettojahreskaltmiete die Gesamtkapitalrendite:

Objektdaten:

- Jahresnettokaltmiete: 6.000,00 €
- Angebotspreis/Anschaffungspreis: 99.000,00 €
- Instandhaltungsrücklage: 0,00 €
- Bayern - Grunderwerbsteuer: 3,5 %
- Notarkosten: 1,6 %
- Kein Makler
- Anschaffungsnebenkosten: 5,1 % (Berechnung Abb. 21)

Rechnung:

01: Anschaffungspreis * 5,1 % = Anschaffungsnebenkosten
99.000,00 € * 5,1 % = 5.049,00 €

02: Angebotspreis zzgl. Anschaffungsnebenkosten = Anschaffungskosten
99.000,00 € + 5.049,00 € = 104,049,00 €

03: Jahresnettokaltmiete /Anschaffungskosten * 100 = Kapitalrendite
6.000,00 € /104.049,00 € * 100 = 5,77 %

***Abb. 3:** 2. Schritt: Ermittlung der Gesamtkapitalrendite.*

In der Praxis ist es oft so, dass Makler und Verkäufer bei der Renditeberechnung gerne die Anschaffungsnebenkosten vergessen und auch die nicht umlagefähigen Kosten nicht berücksichtigen, um so eine höhere Rendite auszuweisen. Diese Art der Rechnung ist aber schlichtweg falsch, denn leider müssen wir beim Immobilienkauf die Nebenkosten (Abb. 21) zahlen und auch die nicht umlagefähigen Kosten können wir nicht auf den Mieter abwälzen.

Merke: Vorsicht bei Renditeberechnungen durch Dritte:
Der Rechenweg könnte anders sein!

Unterschreitung des Renditeziels

Selbstverständlich ist nicht jede Immobilie für den Vermögensaufbau geeignet. Viele Objekte sind überteuert, renditeschwach oder es fehlt der Immobilie einfach die Nachhaltigkeit, die wir suchen, um einen konsequenten Vermögensaufbau betreiben zu können. Man braucht für den Vermögensaufbau Immobilien, bei denen das Verhältnis von Anschaffungskosten zu Mietpreis in einem günstigen Verhältnis stehen. Darüber hinaus is es in vielen Metropolen mit einer hohen Nachfrage nach Wohnraum nicht so einfach geeignete Objekte zu finden (z.B. München, Hamburg und Frankfurt).

In unserem Beispiel beträgt die Kapitalrendite der Musterimmobilie 5,77 Prozent. Da wir damit unter dem gesetzten Renditeziel von 6,5 Prozent liegen, haben wir nun drei Optionen:

Option 1: Wir überlegen uns, ob wir eine Mieterhöhung vornehmen können.
Option 2: Wir verwerfen den Deal und prüfen das nächste Angebot.
Option 3: Wir versuchen nachzuverhandeln und den Preis zu drücken, bis unser Renditeziel erfüllt ist.

***Abb. 4:** Handlungsoptionen bei der Unterschreitung des Renditeziels.*

Option 1: Mieterhöhungen durchzusetzen ist immer so eine Sache und man erntet damit meistens keine Gegenliebe vom Mieter. Deshalb ist das ein Punkt, der mir persönlich keine Freude bereitet. Darüber hinaus kaufe ich eine Immobilie ja auch zu den aktuellen Konditionen und nicht unbedingt unter dem Gesichtspunkt, dass ich hier noch großartig verhandeln muss, um eventuell beim Mieter eine höhere Kaltmiete durchzusetzen. Wenn der Verkäufer der Meinung ist, seine aktuelle Miete ist zu niedrig, dann darf er hier an dieser Stelle selbst den Job übernehmen und versuchen eine Mieterhöhung durchzusetzen. Für den aktuellen Eigentümer sind Mieterhöhungen

„nice to have", aber diese sind eher das i-Tüpfelchen. Entsprechend ist für mich der Hinweis des Verkäufers, das noch Potential für Mieterhöhungen besteht, keine Rechtfertigung für einen höheren Verkaufspreis. Diese Option ist also kurfristig nicht wirklich hilfreich.

Option 2: Das Thema **„Deal verwerfen"** ist immer die Alternative, wenn das Renditeziel mit dem Immobilienangebot nicht umsetzbar ist. Ganz wichtig an dieser Stelle: Wir machen keine Kompromisse! Ein Synonym für „Kompromiss" bei Immobiliendeals ist „langsamer Vermögensaufbau" und das ist ja nicht unser Ziel. Also kommt diese Vorgehensweise nicht in Frage.

Option 3: Beim **Nachverhandeln** gehen wir nicht wie auf dem orientalischen Basar vor, auf dem man sich schrittweise in der Mitte einigt. Das kann man natürlich machen, muss man aber nicht. Sondern: Wir machen ein mündliches Gegenangebot, bei dem wir klar aufzeigen, dass wir ein Objekt zur Kapitalanlage suchen und kein Interesse an einem Geldwechselgeschäft haben. Entweder zieht der Verkäufer mit, weil er gerne verkaufen möchte oder aber wir küssen die nächsten Frösche und zwar so lange, bis wir unseren Prinzen/unsere Prinzessin gefunden haben.

Jetzt stellt sich die Frage, welchen Zielpreis ich beim Nachverhandeln erreichen muss beziehungsweise zu welchem Preis ich ein Gegenangebot abgeben kann. Diese Frage kann mit einer kleinen Rechnung beantwortet werden.

Objektdaten:

- Jahresnettokaltmiete: 6.000,00 €
- Zielrendite: 6,5 %
- Anschaffungsnebenkosten (ANK in %): 5,1 %

Rechnung:

01: Jahresnettokaltmiete /Zielrendite * 100 = Zielpreis inklusive ANK
6.000,00 € /6,5 * 100 = 92.307,69 €

02: Zielpreis inkl. Nebenkosten /(100 + ANK in %) * 100 = Zielpreis
92.307,69 € /105,1 * 100 = 87,828,44 €

***Abb. 5:** Ermittlung des Zielpreises.*

Der Verkaufspreis des Verkäufers ist leider nicht Dein endgültiger Einkaufspreis. Hier kommen noch die Kaufnebenkosten hinzu. In unserer Beispielrechnung sind wir von Nebenkosten in Höhe von 5,1 % ausgegangen. Diese können sich aber Fallbezogen verändern. Welche Nebenkosten im Detail anfallen erfährst Du in der „Abb. 21: Die Berechnung der Anschaffungskosten". Der Verkäufer denkt in der Dimension Angebotspreis, denn er muss ja die Nebenkosten in der Regel nicht tragen. Entsprechend solltest Du in der Dimension Anschaffungspreis (Angebotspreis zzgl. Nebenkosten) denken. Du solltest also, wie im Urlaub noch eine kleine Wechselkursberechnung vornehmen, um Deine wirklichen Anschaffungskosten zu erhalten.

In unserer Beispielrechnung ergibt sich bei einer gewünschten Zielrendite von 6,5 Prozent, unter Berücksichtigung der Kaufnebenkosten und einer Jahresnettokaltmiete von 6.000,00 Euro eine Preisobergrenze von rund 87.828,44 Euro. Da der aktuelle Angebotspreis 99.000,00 Euro ist, liegt es nun an Dir, ein Gegenangebot zu platzieren. Hier ist die Mutter allen Erfolges die Geduld! In der Regel geht der Verkäufer nicht gleich auf diesen Preis ein. Nun sind Beharrlichkeit und Überzeugungskraft gefragt. Natürlich hat man Verständnis für den Verkäufer und seinen Angebotspreis. Es geht hier auch nicht darum, in irgendeiner Form beleidigend oder unfreundlich zu werden. Sondern man ruft sich und sein Angebot immer mal wieder freundlich ins Gedächtnis und nutzt die Zeit für einen netten Plausch unter potentiellen Geschäftspartnern. Sollte der Verkäufer nicht darauf eingehen und das Objekt an einen Anderen verkaufen, hast Du absolut gar nichts verloren. Denn das Objekt war einfach ungeeignet für Deinen Vermögensaufbau. Du suchst einfach weiter und gratulierst dem Verkäufer dafür, einen Käufer gefunden zu haben, der eben mehr bezahlt hat. Sollte es allerdings ein Kapitalanleger gewesen sein, hat dieser nicht das große Los gezogen. Ich kann dazu nur sagen: Wenn ich fleißig suche, lande ich alle sechs bis neun Monate einen Treffer. Das ist mehr als genug für einen soliden Vermögensaufbau. Ich kaufe niemals über Preis! Drunter ist immer gut. Drüber heißt: Deal abblasen und „Next, please!" Mir ist der Angebotspreis vom Verkäufer „eigentlich" egal. Er zeigt mir nur auf, wie weit wir auseinanderliegen. Eine Immobilie, die unter meinem Renditeziel liegt, stellt einfach keinen Nutzen dar. Das Schöne ist, dass man mit dieser Art von Einstellung enorm schnell zum Ziel kommt und keine Zeit vertrödelt. Hier gilt die Regel: Wir schauen uns so viele Objekte an wie nötig, um das Richtige zu finden. Wende die oben dargestellte Rechnung an und mit ein bisschen Übung kannst Du ein Objekt in zwei bis drei Minuten analysieren.

Der Hebeleffekt

Ich habe Dir Renditen von 20 Prozent und mehr versprochen und nun rede ich die ganze Zeit von 6,5 Prozent Gesamtkapitalrendite. Ich erkläre Dir nun, wie Du diese Traumrendite erwirtschaften kannst und zwar mittels eines Hebeleffektes, der umso besser ist, je weniger Eigenkapital Du einsetzen kannst. Dieser Effekt ergibt sich sozusagen aus der Kapitalstruktur Deiner Immobilienfinanzierung, also aus dem Mix aus Eigen- und Fremdkapital. Bisher haben wir die Gesamtkapitalrendite berechnet, also die Verzinsung auf 100 Prozent des eingesetzten Kapitals für das erste Jahr. Für die Immobiliensuche ist das eine schnelle Methode zur Auswahl von geeigneten Objekten, aber das was uns letztendlich interessiert, ist doch: Welche Rendite bekomme ich auf mein eingesetztes Eigenkapital? Unser Eigenkapital würde eine Rendite von 6,5 Prozent erwirtschaften, wenn wir die Immobilie zu 100 Prozent mit Eigenkapital, also ohne ein Darlehen, finanzieren würden.

Viele sagen sich: Meine Güte, wäre ich froh, wenn ich keine Schulden aufnehmen müsste und ich könnte die Immobile bar bezahlen. Und ich sage Dir: Genau das wäre das Verkehrteste, was Du machen könntest! Denn damit würdest Du Dir die Chance auf Traumrenditen nehmen und Deinen Vermögensaufbau verlangsamen.

Und nun zeige ich Dir, am Beispiel unserer nachverhandelten Musterimmobilie, wie das geht. In der nun folgenden Beispielrechnung gehe ich davon aus, dass wir 17.000,00 Euro Eigenkapital für den Kauf der Immobilie hätten. Dann würde die Rechnung wie in Abbildung 6 dargestellt aussehen.

Was ist hier passiert? Ganz einfach: Wenn ich von meiner Kaltmiete die Zinsen abziehe, die ich für mein Darlehen bezahlen muss (6.000,00 € - 1.875,00 € = 4.125,00 €), erhalte ich einen Ertrag von 4.125,00 Euro. Das heißt, ich habe Eigenkapital in Höhe von 17.000,00 Euro eingesetzt und bekomme dafür 4.125,00 Euro im ersten Jahr zurück. Ich würde sagen, das ist kein schlechter Deal und macht eine Rendite von 24,26 Prozent aus. Aber es geht noch besser! Nehmen wir mal an, wir können die Bank überzeugen, dass man die Immobilie auch mit einem geringeren Eigenkapitaleinsatz finanzieren kann, zum Beispiel für 10.000,00 Euro. Dann ergibt sich daraus folgende Rechnung aus Abbildung 7.

Bei einem Eigenkapitaleinsatz (EK) von 10.000,00 Euro würden wir im ersten Jahr (6.000,00 € - 2.050,00 €) 3.950,00 Euro erhalten und damit also eine Rendite von 39,50 Prozent erzeugen. Wenn Du diese Rechnung nicht kennst

Objektdaten:

Jahresnettokaltmiete:	6.000,00 €
Anschaffungskosten nachverhandelt:	92.000,00 € (inkl. Nebenkosten)
Eigenkapitalanteil (EK):	17.000,00 €
Darlehenszins effektiv:	2,5 %

Rechnung:

01: Berechnung der Darlehenshöhe (Fremdkapital (FK))
Anschaffungskosten - Eigenkapitalanteil = Darlehen (Fremdkapital)
92.000,00 € - 17.000,00 € = 75.000,00 €

02: Berechnung der Darlehenskosten pro Jahr
Darlehen /100 * Darlehenszins = Darlehenskosten pro Jahr (Zinsen)
75.000,00 € /100 * 2,5 = 1.875,00 €/Jahr[1]

03: Berechnung der Eigenkapitalrendite
(Jahresnettokaltmiete - Darlehenskosten) /EK * 100 = Eigenkapitalrendite
(6.000,00 € - 1.875,00 €) /17.000,00 € * 100 = 24,26 %

***Abb. 6:** Berechnung der Eigenkapitalrendite.*

01: Berechnung der Darlehenshöhe (Fremdkapital (FK))
Anschaffungskosten – Eigenkapitalanteil = Darlehen (Fremdkapital)
92.000,00 € - 10.000,00 € = 82.000,00 €

02: Berechnung der Darlehenskosten pro Jahr
Darlehen /100 * Darlehenszins = Darlehenskosten pro Jahr (Zinsen)
82.000,00 € /100 * 2,5 = 2.050,00 €/Jahr

03: Berechnung der Eigenkapitalrendite
Jahresnettokaltmiete - Darlehenskosten) /EK * 100 = Eigenkapitalrendite
6.000,00 € - 2.050,00 €) /10.000,00 € * 100 = 39,50 %

***Abb. 7:** Eigenkapitalrendite bei reduziertem Eigenkapitaleinsatz.*

und ich würde Dir erzählen, dass ich mit Immobilien Renditen von über 35 Prozent erwirtschafte, dann würdest Du mich wohl für einen Schwindler halten. Aber wie Du siehst, ist es ganz einfache Mathematik!
Jetzt treiben wir es doch mal auf die Spitze und tun so, als könntest Du die Immobilie ohne Eigenkapital oder für einen symbolischen Euro kaufen. Dann wäre die Rendite unendlich oder bei einem Euro Eigenkapitaleinsatz: (6000,00 € - 2.299,00 €) /1 * 100 = 3.701,00 Prozent. Das heißt, wenn ich die Immobilie mit einem Euro finanziere, bekäme ich auf mein eingesetztes Kapital von einem Euro im ersten Jahr 3.701,00 Euro zurück. Na, wenn das keine Geldmaschine ist!
Selbstverständlich bekommen wir in den seltensten Fällen unsere erste Immobilie gleich ohne Eigenkapital finanziert. Bei der zweiten oder dritten Immobilie sollte das schon möglich sein, wenn wir unser „finanzielles Zeugnis" immer gut gepflegt haben (siehe Kapitel 8.1 „Die Perspektive der Bank als Geldbgeber").
Der besprochene Hebeleffekt wird in der Finanz- und Investitionswirtschaft auch als Leverage-Effekt bezeichnet und beschreibt die Hebelwirkung der Darlehenszinsen auf die Eigenkapitalverzinsung. Entsprechend kann also durch einen höheren Einsatz von Fremdkapital die Eigenkapitalrendite erhöht werden, solange die Gesamtkapitalrendite der Immobilie höher ist als der Fremdkapitalzins. In unserem Beispiel bedeutet das, dass man durch die weitere Aufnahme von Fremdkapital die Eigenkapitalrendite erhöhen kann, solange der Fremdkapitalzins günstiger ist als 6,5 Prozent. Wäre der Darlehenszins höher, würde ich mit einer weiteren Aufnahme von Fremdkapital meine Eigenkapitalrendite reduzieren. In unserem Beispiel wäre es also unter Renditegesichtspunkten sinnvoll, Eigenkapital weiter durch Fremdkapital zu ersetzen. Auf der anderen Seite steigt mit zunehmender Aufnahme von Fremdkapital der Verschuldungsgrad und das Investitionsrisiko steigt. Wie der perfekte Dreiklang aus Rendite, Liquidität und Sicherheit aussieht, besprechen wir in Kapitel 5 „Die drei Seiten der Immobilieninvestition".

Immobilien und der mögliche Steuervorteil

Oft werde ich bei Immobilieninvestitionen nach dem Steuervorteil gefragt und meine Antwort darauf ist: „Ja, den gibt es!" Aber für mich persönlich ist ein möglicher Steuervorteil immer nur das i-Tüpfelchen eines Investments.

---

[1] Aus Vereinfachungsgründen wurde die Zinshöhe auf einer jährlichen Basis berechnet und nicht wie zum Beispiel bei einem Annuitätendarlehen auf Monatsbasis. Bei einem Annuitätendarlehen würde sich der jährliche Gesamtzins noch reduzieren und entsprechend zu einem besseren Renditeergebnis führen.

Wenn Du Immobilien mit dem Ziel erwirbst, Vermögen aufzubauen, dann sollte ein eventueller Steuervorteil niemals der Hauptbeweggrund für den Kauf einer Immobilie sein. Im ersten Schritt sollte sich jede Investition erst einmal ökonomisch rechnen und wenn dann noch ein Steuervorteil dabei abfällt, umso besser.
Des Weiteren wird der Steuervorteil, der sich aus Deiner Immobilieninvestition als Privatperson ergibt, maßgeblich von Deiner persönlichen Situation bestimmt. Gerne würde ich Dir an dieser Stelle weiterhelfen, aber eine exakte Auskunft über Deinen persönlichen Steuervorteil ist mir nicht möglich, da ich hierzu verschiedene Informationen von Dir bräuchte, wie zum Beispiel Deine sonstige private Einkommenssituation, Dein Familienstatus, der Finanzierungsmix, die Höhe der Miete, und so weiter, die alle wesentlichen Einfluss auf Deinen Steuervorteil aus dem Immobiliengeschäft haben. Entsprechend versuche ich gar nicht erst, Deinen Steuervorteil in einer Rechnung zu simulieren.
Der Vorteil kann also immer nur individuell und nicht pauschal bestimmt werden. Wenn Du den Steuereffekt im Vorfeld exakt bestimmen möchtest, dann empfehle ich Dir, mit der kostenfreien Finanzamt Software ELSTER Deine Steuererklärung zu simulieren: ELSTER bietet Dir dazu ein integriertes Simulationstool an, das Deine Steuerverpflichtung ziemlich exakt berechnet. Eine Simulation Deines Steueraufkommens nimmst Du einmal ohne Immobilie und einmal mit Immobilie vor. Der Unterschiedsbetrag aus den beiden Steuerberechnungen zeigt Dir den steuerlichen Effekt auf, den Deine Immobilieninvestition erzeugt. Selbstverständlich kannst Du auch Deinen Buchhalter oder Steuerberater bemühen. Die den Mietertrag übersteigenden laufenden Kosten der Immobilieninvestition können steuermindernd angesetzt werden. Der Betrag, den Du Dir effektiv an Steuern sparst, wird im Englischen als „tax shield" bezeichnet. In der Praxis nutze ich meinen persönlichen Steuervorteil zur Deckung unvorhergesehener Kosten oder für Sondertilgungen.

Nachdem wir nun das 1*1 des Immobilien Millionärs beherrschen, stellt sich die Frage, wie es nun nach dem Erwerb der ersten Immobilie weitergeht mit dem Vermögensaufbau. Denn eine Schwalbe macht noch lange keinen Sommer. Oder, um bei unserem Thema zu bleiben, wird die Miete einer 2-Zimmer-Wohnung wohl kaum ausreichen, um ein sorgenfreies Leben führen zu können. Entsprechend setzt nun das nächste Kapitel „Vermögensaufbau mit System" auf diese Situation auf und zeigt, wie man mit System den Vermögensaufbau weiter gestalten kann.

3 Vermögensaufbau mit System

Wenn Du bereits Deine erste Immobilie erworben und den Weg zu Deinem persönlichen Immobilienvermögen geebnet hast, dann möchte ich Dir an dieser Stelle herzlich gratulieren. Du gehörst offiziell zur Gruppe der Immobilieneigentümer. Du wirst nun jedes Jahr mehr über das Verwalten und Steuern von Immobilieneinheiten lernen und das ist genau der Kurs, den Du brauchst, um das richtige Fingerspitzengefühl im Umgang mit Immobilien zu entwickeln. Nachhaltiger Erfolg baut sich in der Regel in kleinen und soliden Schritten auf. Hastiger Übereifer hingegen erhöht nur die Wahrscheinlichkeit, Fehler zu machen, die den Vermögensaufbau eher hemmen. Solltest Du Schwierigkeiten damit haben, des 1*1 des Immobilien Millionärs umzusetzen und Deine erste Immobilie zu erwerben, dann lade ich Dich herzlich ein, mit mir Kontakt aufzunehmen und Dir helfen zu lassen. Es ist meine persönliche Mission, Menschen dabei zu helfen, Ihre beruflichen und finanziellen Träume zu leben. Meine aktuellen Kontaktdaten findest Du unter www.education-punk.de.

Die Rolle des Vermieters

Als Ausgangssituation für den weiteren Vermögensaufbau treffen wir nun folgende Annahme: Du hast die Musterimmobilie dieses Buches (siehe Abb. 1: Die Musterimmobilie) erworben. Diese Immobilie ist als Platzhalter zu verstehen und kann natürlich durch jede andere sinnvolle Immobilie ersetzt werden. Das bedeutet im Klartext: Du baust nun mit Deiner ersten Immobilie jedes Jahr Eigenkapital auf. Ich würde sagen, das klingt schon mal recht gut. Aber unser Ziel ist es ja, ein großes Vermögen aufzubauen und nicht nur eine Immobilie zu erwerben. Nach dem Motto „jede Zeit hat seinen geistigen Mehrwert“ würde ich Dir an dieser Stelle empfehlen, erst mal zu rasten und nicht sofort nach der nächsten Immobilie zu greifen. Es geht darum, Erfahrungen zu sammeln und zu überlegen, wie es mit der ersten Immobilieninvestition weitergeht. Meine Empfehlung: Besuche erstmal zwei bis drei Eigentümerversammlungen. Lerne, die Nebenkostenabrechnung an Deine Mieter richtig zu stellen und versuche Dich mit Deinem Mieter gut zu arrangieren. Beobachte, wie sich Deine Immobilie über einen Zeitraum von zwei bis drei Jahren steuerlich und ökonomisch entwickelt.

Wir verschnaufen sozusagen und leben uns in die Rolle des Vermieters ein. Wer keine Zeit hat, seine Nebenkostenabrechnungen oder Abrechnungen für das Finanzamt aus Vermietung und Verpachtung selbst zu erstellen, dem empfehle ich einen guten Buchungsservice zu nutzen. Meine Empfehlung findest Du unter: www.education-punk.de. Ich selbst bevorzuge einen Vermögensaufbau, der mich nicht über Gebühr in Anspruch nimmt und der mir Zeit schenkt, das zu tun, wonach mir der Sinn steht.

Da „wir" uns bei der Finanzierung des Fremdkapitals für ein Annuitätendarlehen[2] entschieden haben (das Thema Finanzierung findest Du in Kapitel 8 „Die Immobilienfinanzierung"), hat „unsere" Immobilieninvestition nach drei Jahren den in Abbildung 8 dargestellten Eigenkapitalzuwachs erzeugt.

Vermögensaufbau und Cashflow

Das bedeutet im Klartext, dass Deine Immobilie für Dich über drei Jahre hinweg Eigenkapital in Höhe von 12.698,18 Euro aufgebaut hat und Du hast nichts dafür getan, außer das richtige Objekt, den richtigen Mieter und die richtige Finanzierungsform zu kombinieren. Selbstverständlich erklären Dir die folgenden Kapitel, wie das im Einzelnen funktioniert. Dies ist kein Buch, das im Detail vage bleiben will, sondern klar aufzeigt, wie es gehen kann.
Inklusive dem Einstiegseigenkapital von 17.000,00 Euro hätten wir dann nach drei Jahren Eigenkapital in Höhe von 29.698,18 Euro aufgebaut. Wenn Du die Berechnung des Annuitätendarlehens mathematisch nachvollziehen möchtest, kannst Du der Empfehlung auf meiner Seite www.education-punk.de folgen. Hier werden Dir kostenfreie Annuitätenrechner empfohlen, die ich selbst bevorzugt nutze.

Steuervorteile und Kosten für Reparaturen und Instandhaltung am Sonder- und Gemeinschaftseigentum wurden nicht bei der Berechnung berücksichtigt. Diese heben sich, nach meiner persönlichen Erfahrung, gegenseitig recht gut auf, wenn man keine Defizitimmobilie gekauft hat.
Darüber hinaus hast Du die Möglichkeit, durch das zusätzlich aufgebaute Barvermögen, Reparaturen oder Modernisierungen am Objekt vorzunehmen. Grundsätzlich haben wir also nach drei Jahren die in Abbildung 9 dargestellte Situation geschaffen.

[2] Bei einem Annuitätendarlehen bleibt die Höhe der zu zahlenden Monatsrate über die gesamte vereinbar-te Laufzeit konstant. Der Zinssatz wird dabei für den entsprechenden Zeitraum festgeschrieben. Die monatliche Rate, auch als Annuität bezeichnet, setzt sich aus Tilgung und Zins zusammen. Da sich durch die monatliche Tilgung die Restschuld kontinuierlich verringert, verringert sich mitlaufend der Zinsanteil zugunsten des Tilgungsanteils.

Objektdaten:
Annuitätendarlehen: 10 Jahre Laufzeit
Zinssatz effektiv: 2,5 %
Monatliche Annuität: 350,00 € (Zins und Tilgung)
Eigenkapitalanteil: 17.000,00 €
Fremdkapitalanteil (Darlehen): 75.000,00 €

Rechnung:
01: Aufbau von Eigenkapital durch Tilgung: Beispielzeitraum: 3 Jahre

Jahr	Ratenzahlung	Zins	Tilgung	Restbetrag
Start				75.000,00 €
Jahr 1:	4.200,00 €	1.827,09 €	2.372,91 €	72.627,09 €
Jahr 2:	4.200,00 €	1.767,77 €	2.432,23 €	70.194,86 €
Jahr 3:	4.200,00 €	1.706,96 €	2.493,04 €	67.701,82 €
Summe:	**12.600,00 €**	**5.301,82 €**	**7.298,18 €**	

Aufbau von Eigenkapital durch Tilgung: 7.298,18 €

02: Aufbau von Eigenkapital durch positiven Cashflow (CF): 3 Jahre
Nettojahreskaltmiete: 6.000,00 € * 3 Jahre = 18.000,00 €
Darlehensrate (Annuität): 350,00 € /Monat * 36 Monate = 12.600,00 €
Aufbau von EK durch Cashflow: 18.000,00 € - 12.600,00 € = 5.400,00 €

03: Aufbau von Eigenkapital kumuliert (Zeitraum 3 Jahre)
Aufbau von Eigenkapital durch Tilgung: 7.298,18 €
Aufbau von Eigenkapital durch positiven Cashflow: 5.400,00 €
Aufbau Eigenkapital kumuliert: 12.698,18 €

Abb. 8: *Eigenkapitalaufbau in drei Jahren.*

Unter monatlichem Cashflow versteht man den monatlichen Überschussbetrag, der nach Abzug der nicht umlagefähigen Betriebskosten und der Darlehensrate von der Kaltmiete übrig bleibt. Dieser wird auch als passives Einkommen bezeichnet, da das Einkommen aus Vermietung- und

Vermögen:

Eigentum:	1 Etagenwohnung
Anschaffungskosten:	92.000,00 € (inklusive Nebenkosten)
Fremdkapital:	67.701,82 €
Eigenkapital:	24.298,18 €
Barvermögen:	5.400,00 €

Passives Einkommen:

Monatlicher Cashflow: 5.400,00 /36 Monate = 150,00 €

***Abb. 9:** Vermögens- und Cashflowsituation nach drei Jahren.*

Verpachtung nicht durch aktive Arbeitsleistung gewonnen wird (Zeit/Arbeitskraft gegen Geld). Stattdessen werden Objekte gegen Geld überlassen. In unserem Beispiel wurde durch den positiven Cashflow über den Zeitraum von drei Jahren ein zusätzliches Barvermögen von 5.400,00 Euro aufgebaut. Solange Du also Deine Immobilie ohne Mieterhöhung vermietest, erhältst Du jeden Monat 150,00 Euro (bzw. 1.800,00 Euro/Jahr) ohne großartig etwas dafür leisten zu müssen.
Sobald das Darlehen getilgt ist, erhöht sich Dein monatlicher Cashflow um die Darlehensrate auf 500,00 Euro im Monat (bzw. 6.000,00 Euro/Jahr). Ich würde mal sagen, das klingt recht gut. Du bekommst also jeden Monat einen Mietscheck von 500,00 Euro. Jetzt geht es darum, weitere Objekte am Markt zu finden, die wir wieder nach dem gleichen System erwerben, finanzieren und vermieten. Das machen wir so lange, bis der gewünschte monatliche Cashflow erreicht ist. Das Schöne an diesem Modell ist, dass mit jeder weiteren Immobilie der Vermögenszuwachs deutlich an Fahrt gewinnt, wie Du an der Beispielrechnung in Abbildung 10 sehen kannst.

Den Vermögensaufbau beschleunigen

In dieser Musterkalkulation wurde der gesamte positive Cashflow gespart und dann bei jeder Neuanschaffung als Eigenkapital in die Finanzierung eingebaut. Aus Vereinfachungsgründen bin ich in meiner Rechnung davon ausgegangen, dass mein Bargeldbestand nicht verzinst wird. In der Praxis empfiehlt es sich, ein zinsattraktives Tagesgeldkonto zu eröffnen und das nicht investierte Eigenkapital (positiver Cashflow und Sparrate)

dort „gut verzinst“ zu parken, um es für den nächsten Immobilienerwerb einzusetzen. Auf meiner Internetseite www.education-punk.de kannst Du Dir die Auswahl von Tagesgeldkonten ansehen, die ich selbst bevorzugt für meinen Vermögensaufbau nutze. Selbstverständlich kannst Du auch jedes andere Konto verwenden.
Darüber hinaus hast Du die Möglichkeit, Deinen Vermögensaufbau mit zusätzlichem Eigenkapitaleinsatz zu beschleunigen. Wenn Du ausreichend Zeit mitbringst, geht es auch pinzipiell ohne zusätzliche Finanzspritzen und nur mit der Erstinvestition von rund 20 Prozent der Anschaffungskosten Deiner ersten Immobilie. Um diese Sparleistung kommst Du allerdings nur selten herum. Es ist sozusagen die Eintrittskarte zum Vermögensaufbau mit Immobilien und diese musst Du halt durch einen entsprechenden Zeit- und Leistungseinsatz lösen. Da Du ja investieren willst, habe ich Dir unterstellt, dass Du zusätzlich motiviert bist, 300,00 Euro pro Monat für Investmentzwecke zu sparen. Ich habe diesen monatlichen Betrag ebenfalls als Beschleuniger mit in den Immobilienaufbau aufgenommen. Wie schon erwähnt: Hier kannst Du, je nach sonstigem Einkommen, mehr oder

Zeit	**Muster-Wohnungen**	**Cashflow (CF)/Jahr**	**Sparleistung (SL)/Jahr**	**Eigenkapital (inkl. CF und SL)**
Start		0,00 €	0,00 €	17.000,00 €
3. Jahr	🏠	1.800,00 €	3.600,00 €	40.498,80 €
4. Jahr	🏠🏠	3.600,00 €	3.600,00 €	3.600,00 €
6. Jahr	🏠🏠🏠	5.400,00 €	3.600,00 €	72.302,11 €
8. Jahr	🏠🏠🏠🏠	7.200,00 €	3.600,00 €	108.193,87 €
9. Jahr	🏠🏠🏠🏠🏠	9.000,00 €	3.600,00 €	131.708,34 €
10. Jahr	🏠🏠🏠🏠🏠🏠	10.800,00 €	3.600,00 €	147.003,50 €
15. Jahr	12 * 🏠	21.600,00 €		
20. Jahr	20 * 🏠	36.000,00 €		

***Abb. 10:** Vermögensaufbau mit System.*

weniger Gas geben. Entsprechend dauert der Vermögensaufbau ein bisschen länger oder geht schneller.
Fakt ist, dass der Vermögensaufbau mit Immobilien gut strukturiert umzusetzen ist. Der weitere Vorteil dieser Anlageklasse ist der monatliche Mietscheck und der macht wirklich Laune. Aufgesetzt auf den Kauf der Musterimmobilie und einer Erfahrungszeit von drei Jahren, habe ich in der Beispielrechnung ein langsameres Startkonzept beim Immobilienkauf gewählt, das über die Jahre an Fahrt aufnimmt. Selbstverständlich kannst Du auch, durch die Nutzung von Sondertilgungsmöglichkeiten, Deinen monatlichen Cashflow wesentlich schneller erhöhen.
In der Beispielrechnung bin ich von einem Normal-/Geringverdiener ausgegangen, der langfristig von den Einnahmen aus Vermietung und Verpachtung leben will. Du besitzt nach zehn Jahren über sechs Wohnungen und einen jährlichen Cashflow von 10.800,00 Euro. Sollten Deine sechs Wohnungen getilgt sein, erhöht sich Dein Cashflow um die monatlichen Annuitäten. In unserem Beispiel würden Deine sechs abgezahlten Immobilien einen jährlichen Cashflow von 36.000,00 Euro (500,00 € *12 Monate *6 Wohnungen) erwirtschaften. Das ist eine monatliche „Bruttorente" von 3.000,00 Euro. Damit beziehst Du mehr Rente als ein typischer Arbeitnehmer aus der gesetzlichen Rente (Stand 2014).
Bei meiner Modellrechnung zum Vermögensaufbau mit System habe ich alle sonstigen Möglichkeiten außen vor gelassen, die dabei helfen können, den Vermögensaufbau zu beschleunigen. Ich habe also eine konservative Planung vorgenommen. Folgende sonstige Möglichkeiten wären denkbar, um Deinen Vermögensaufbau zusätzlich noch zu beschleunigen:

- Sondertilgungen mit der Bank vereinbaren
- Verbesserung der Darlehenskonditionen durch Bonitätsverbesserung bei weiteren Immobilienanschaffungen
- Erhöhung der zusätzlichen monatlichen Sparleistung
- Verbesserung der Verhandlungsfähigkeit/Reduzierung der Immobilienanschaffungspreise
- Mieterhöhungen

***Abb. 11:** Optionen zur Beschleunigung des Vermögensaufbaus.*

Barvermögen ansparen

Bei der Musterkalkulation „Abb. 10: Vermögensaufbau mit System" bin ich exemplarisch davon ausgegangen, dass ich immer am 01. Januar des Jahres die neuen Immobilien erwerbe. Das ist allerdings eine realitätsfremde Annahme. Selbstverständlich kann ich nicht genau vorhersagen, wann Du Deine Immobilien in Zukunft kaufen wirst. Bei der Berechnung habe ich unterstellt, dass wir den monetären Überhang aus Spar- und Cashflowleistung komplett als Eigenkapital in die Finanzierungen einbringen oder auch, wenn erforderlich, die bestehenden Immobilien als zusätzliche Sicherheiten bei der Bank anbieten können.

Ich persönlich agiere eher konservativ und entsprechend hat mein eigener Vermögensaufbau etwas länger gedauert als bei Personen, die hier etwas risikofreudiger unterwegs sind als ich. Ich habe diese Zeit gebraucht um zu lernen, wie das Immobiliengeschäft richtig funktioniert. Ich wollte mir sicher sein mit Immobilieninvestitionen nicht meine eigene Existenz zu gefährden. Lernen, wie es richtig geht, halte ich für eine ganz wichtige Grundeinstellung, bevor man Gas gibt. Denn wenn man sich verlaufen hat, ist es eine der dümmsten Strategien, schneller in die falsche Richtung zu laufen. Ich selbst habe immer zugesehen, dass ich mindestens 15 bis 20 Prozent Eigenkapital hatte, bevor ich wieder neu zugekauft habe. Teilweise konnte ich durch eine bescheidene Lebensweise und eine steigende Einkommenssituation zusätzliches Barvermögen ansparen und den Verlust an Schnelligkeit – resultierend aus einer sicherheitsorientierten Immobilienpolitik – durch gesonderte Sparanstrengung kompensieren. Ich kann definitiv sagen, dass mich das Thema Investment zu einem wertvolleren Ansprechpartner für meine Kunden gemacht hat. Denn einen wirklichen Mehrwert kann nur der Berater erzeugen, der selbst vorlebt, wie man erfolgreich ist und sein Wissen nicht nur aus Studium oder passiver Beobachtung gewinnt.

Und ja: Sparen macht keinen Spaß und es ist für uns alle unheimlich schwer. Ich selber bin einer der schlechtesten Sparer. Immer wenn sich bei mir ein höherer Geldbetrag auf dem Konto befindet, vaporisiert sich das Geld auf geheimnisvollste Art und Weise für irgendwelche brauch-ich-jetz-unbedingt Themen. Entsprechend reinvestiere ich mein Geld schnell, damit es mir erst gar nicht zu Konsumzwecken zur Verfügung steht.

Für mich selbst sind Sicherheit, aber auch ein ausreichender Cashbestand sowie ein hoher Ertrag gleich wichtig und ich möchte auf keine dieser Komponenten zu Lasten einer Anderen verzichten. Wie dieser scheinbar widersprechende Dreiklang in eine effektive Bilanz zu bringen ist, werde ich Dir im nächsten Kapitel zeigen.

4 Die drei Seiten der Immobilieninvestition

Meine erste Immobilie habe ich mit Ende zwanzig erworben. Eine 2-Zimmer Wohnung in einem Wohnblock mit rund 50 Wohn- und Gewerbeeinheiten. Der Preis belief sich auf rund 86.000,00 Euro. Die Wohnung hatte einen kleinen Balkon und einen Stellplatz, den ich eigentlich gar nicht brauchte, da ich direkt vor der Tür einen Anschluss an die U-Bahn hatte.

Ich habe bei vier Banken angefragt, bis ich die Eine gefunden hatte, die sich dann endlich bereit erklärt hat, mich und mein Objekt zu finanzieren. Dabei ist mir schon bei meinem ersten Immobilienkauf ein innerer Zielkonflikt bewusst geworden, der mich beschäftigt hat. Ich bin grundlegend ein risikoscheuer Mensch, der aber nicht auf gute Erträge verzichten will. Im Aktienhandel würde man mir wohl sagen, dass es so etwas kaum gibt und dass hohe Ertragschancen immer mit einem hohen Risiko zu bezahlen sind. Entsprechend habe ich in dieser Anlageklasse auch nie große Erfolge verzeichnen können. Da ich also grundlegend ein risikoaverser Mensch bin, müssen Immobilieninvestitionen für mich nach einem geordneten Schema ablaufen, damit ich mich mit meiner Investition wohl fühle. Der Zielkonflikt bei einer Investition findet für mich zwischen den Bereichen Sicherheit, Rendite und Liquidität statt. Was ich im Folgenden zur Illustration als Immobilien-Invest-Dreieck bezeichne:

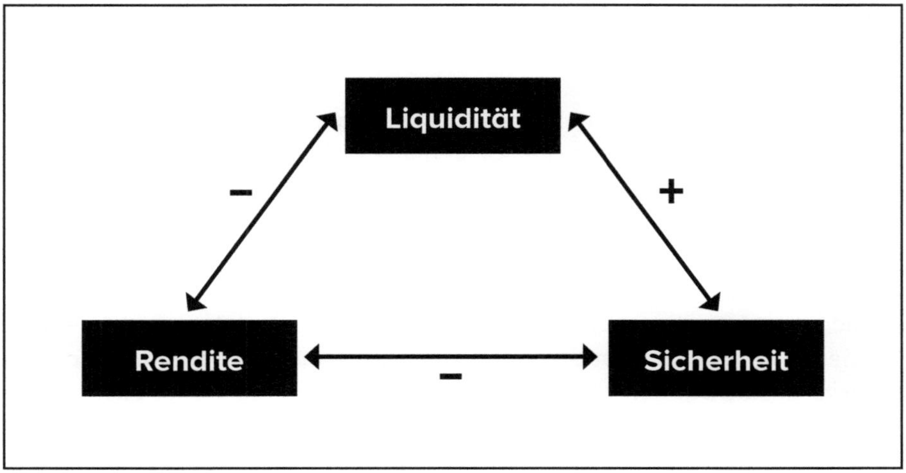

Abb. 12: *Das Immobilien-Invest-Dreieck.*

Rendite, Liquidität und Sicherheit

Die Frage, die man sich bei jeder Investition stellen muss, ist: Was will ich mit der Investition erreichen? Die Antwort darauf ist für mich persönlich einfach: Ich will die maximale Rendite auf mein eingesetztes Kapital, ein minimales Risiko und ich möchte möglichst wenig Liquidität einsetzen. Und wenn ich Liquidität einsetzen muss, dann hätte ich meinen Einsatz gerne schnell wieder zurück, damit ich es wieder für andere Zwecke kapitalbildend einsetzen kann.

Lassen sich denn diese Anforderungen mit einer Immobilieninvestition realisieren? Und die Antwort ist: „Ja!“. Für mich und meine Ziele hat sich die Immobilie zur besten Anlageklasse entwickelt, die ich bisher kenne. Oft ist alles ja nur eine Frage des eigenen Horizontes und was für den Einen Alltag ist, ist für den Anderen eine Expedition ins Neuland.

Wie kann ich nun meine Grundvorstellung hinsichtlich Rendite, Liquidität und Sicherheit bestmöglich mit einer Immobilieninvestition umsetzen? Wie wir schon in den letzten Kapiteln gelernt haben, berechnet sich die Rendite/Ertragskraft einer Immobilie aufgrund des Verhältnisses von Jahresnettokaltmiete zu den Anschaffungskosten. Oder einfach ausgedrückt: Was investiere ich an Kapital und was bekomme ich dafür zurück.

Die Renditeberechnung unserer Musterimmobilie findest Du in „Abb. 3: 2. Schritt: Ermittlung der Gesamtkapitalrendite“ oder „Abb. 6: Berechnung der Eigenkapitalrendite“. Bei der Ertragskraft habe ich ein Gesamtkapitalrenditeziel von 6,5 Prozent vorgegeben und die Eigenkapitalrendite bei einem Eigenkapitaleinsatz von 17.000,00 Euro belief sich dann auf 24,26 Prozent. Selbstverständlich lassen sich durch die Reduzierung des Eigenkapitaleinsatzes noch wesentlich höhere Eigenkapitalrenditen erzeugen, wie es in der „Abb. 7: Eigenkapitalrendite bei reduziertem Eigenkapitaleinsatz“ aufgeführt wurde. Aber – wie Du es dem Immobilien-Invest-Dreieck entnehmen kannst – führt eine Steigerung der Eigenkapitalrendite, die durch einen verminderten Eigenkapitaleinsatz erreicht wurde, zwar zu einer Entlastung hinsichtlich der Erstinvestition (kurzfristige Verbesserung der Liquiditätssituation), reduziert aber in der Folge nachhaltig den Cashflow (langfristige Verschlechterung der Liquiditätssituation). Im schlechtesten Fall wird der Cashflow sogar negativ. Ein negativer Cashflow ist aber tunlichst zu vermeiden, denn das würde bedeuten, dass Du jeden Monat Deine Immobilieninvestition mit zusätzlicher Liquidität unterstützen musst. Dadurch wird in der Folge Deine Liquiditätsausstattung nachhaltig geschwächt und damit steigt das Gesamtrisiko der Investition.

Liquidität bezeichnet grundlegend den ersten Kapitaleinsatz beim Kauf einer Immobilie und dann in der Folge die monatliche Cashüber- oder unterdeckung, die die Immobilieninvestition nach sich zieht und die Cashrückgewinnung im Verkaufsfall. Wobei wir hier den Verkaufsfall/Immobilienhandel nicht berücksichtigen, sondern nur den reinen Vermögensaufbau durch den Zukauf von Immobilien.
Bestimmend für die monatliche Cashüber- oder unterdeckung ist die Optimierung der Differenz zwischen Nettokaltmiete und Kreditrate. Hier gilt als Maxime, dass das Finanzierungskonzept so gestaltet werden sollte, dass das Immobilienprojekt nicht regelmäßig durch zusätzliche Gelder subventioniert werden muss, sondern sich aus der Kaltmiete selbst finanzieren kann. Diese Vorgehensweise gleicht das Risiko aus, dass man beispielsweise im Fall von Arbeitslosigkeit die monatlichen Kreditraten oder die nicht umlagefähigen Kosten nicht mehr bezahlen kann. Die Immobilientilgung funktioniert dann selbständig aus der Mietzahlung ohne die Zuführung von zusätzlicher Liquidität. Im Ergebnis heißt das: Der Mieter zahlt mit seiner Miete den Kredit ab. An dieser Stelle operiert die Immobilie wie ein selbständiger Arbeiter, der damit beschäftigt ist, mein Vermögen aufzubauen.

> **Merke:** Der Cashflow Deiner Immobilieninvestition sollte immer positiv sein!

Entsprechend gilt: Du solltest Deine Rendite durch Reduzierung des Eigenkapitals nur dann weiter steigern, solange Dein Cashflow positiv bleibt. Solange der Cashflow nämlich positiv ist, ist die Immobilieninvestition grundlegend unabhängig von Deiner eigenen finanziellen Situation und umgekehrt.
Im Notfall kannst Du den positiven Cashflow sogar verwenden, um Dich damit finanziell zu unterstützen, was ja auch die grundlegende Idee der Immobilieninvestition in meinem Buch ist: Baue einen hohen positiven Cashflow auf. Des Weiteren erhöht sich der Verschuldungsgrad mit der Reduktion des Eigenkapitaleinsatzes und damit steigt das Risiko der Immobilieninvestition. Der Verschuldungsgrad bezeichnet das Verhältnis von Fremdkapitaleinsatz zum Eigenkapitaleinsatz. Angewendet auf unsere Musterimmobilie sieht dann das Ganze wie folgt aus:

Verschuldungsgrad: Fremdkapital /Eigenkapital
Beispiel 1: 75.000,00 € /17.000,00 € = 4,41 Verschuldungsgrad
Beispiel 2: 82.000,00 € /10.000,00 € = 8,20 Verschuldungsgrad

Abb. 13: *Der Verschuldungsgrad.*

Der angemessene Verschuldungsgrad
Du siehst also, dass mit sinkendem Eigenkapitaleinsatz der Verschuldungsgrad steigt, sich aber die Eigenkapitalrendite erhöht. Jetzt geht es also darum, einen angemessenen Verschuldungsgrad zu definieren. Dieser angemessene Verschuldungsgrad ist der Verschuldungsgrad, der ein vertretbares Risiko darstellt.
Im Allgemeinen wird bei einer Immobilieninvestition ein Verschuldungsgrad von 5 als angemessen betrachtet. Dieser Verschuldungsgrad wird bei einem Eigenkapitaleinsatz von 20 Prozent der Anschaffungskosten erreicht. Bei Anschaffungskosten von 92.000,00 Euro wäre der angemessene Eigenkapitaleinsatz 18.400,00 Euro, was einen Verschuldungsgrad von 5 ergibt. Im Vergleich: Bei der Unternehmensfinanzierung wird eine Eigenkapitalquote von 33 Prozent als Ideal angesehen. Je höher der Verschuldungsgrad ist, desto höher ist die Abhängigkeit von Finanzinstituten und es erhöht ebenfalls das Risiko des Kreditgebers, weil im Insolvenzfall eventuell die Haftungsmasse/Verkaufspreis der Immobilie nicht ausreichen könnte, um das Darlehen der Immobilie komplett zurückzuzahlen. Ein hoher Verschuldungsgrad erhöht in der Regel auch die Darlehensrate/Annuität und reduziert damit den Cashflow.

Merke: Der Eigenkapitaleinsatz sollte bei positivem Cashflow zwischen 15 und 20 Prozent der Anschaffungskosten betragen

Ein hoher Eigenkapitaleinsatz (größer als 20 Prozent) reduziert die Eigenkapitalrendite. Da der Cashflow der Musterimmobilie aber schon jetzt positiv ist (siehe „Abb. 15: Die Cashflowrechnung“), verbessert eine weitere Erhöhung des Eigenkapitaleinsatzes die gewünschte Sicherheit nicht merklich und ist deshalb nicht unbedingt erforderlich.

Bei einem Eigenkapitaleinsatz von 100 Prozent wäre der Cashflow zwar optimal, die Sicherheit läge auch am bestmöglichen Punkt und die Rendite von 6,5 Prozent wäre gut, aber eben nicht ideal für einen schnellen Vermögensaufbau. Um also den optimalen Mix aus Sicherheit, Rendite und Cashflow zu erzeugen, ist ein Eigenkapitaleinsatz von 15 bis 20 Prozent für alle Immobilienobjekte ideal.

Festlegung der Tilgungshöhe

Ziel ist die Erzeugung eines hohen Cashflows bei einer gleichzeitig angemessenen Tilgung des Immobiliendarlehens. Entsprechend arbeite ich in der Praxis mit Tilgungsraten zwischen 1,5 und 2,5 Prozent. Damit ist die monatliche Annuität (Darlehensrate) nicht zu hoch und erlaubt mir zusätzlich einen ausreichend positiven Cashflow.

Nicht zu empfehlen ist eine zu hohe monatliche Tilgung, die einen negativen monatlichen Cashflow verursacht. Damit komme ich zwar hinsichtlich meines Vermögensaufbaus schnell voran, aber ich erhöhe auch mein Risiko, dass ich im Fall von Arbeitslosigkeit oder Krankheit die hohen Raten nicht bedienen kann.

Entsprechend gilt es, die monatliche Tilgung so zu wählen, dass sich auf der einen Seite noch ein guter positiver Cashflow ergibt, aber auf der anderen Seite auch die Tilgung der Darlehensschuld gut voran geht.

Meine bevorzugte Form des Tilgens ist die Sondertilgung. Hier vereinbare ich mit der Bank die Möglichkeit, jährliche Sondertilgungen in Höhe von 5 bis 10 Prozent vom Darlehensbetrag vornehmen zu können. Die Nutzung dieser Sondertilgungsmöglichkeit ist freiwillig und ich kann jedes Jahr frei entscheiden, wie ich meinen angesparten Liquiditätsüberschuss zielgerichtet verwenden kann, um meinen Eigenkapitalaufbau zu optimieren. Das gibt mir dann die Möglichkeit, eine eher niedrige Tilgungsrate zu wählen. In anderen Worten: Freiwilliges Sparen bei hohem Cashflow. Das gibt mir persönlich die höchste Sicherheit.

Solange ich noch arbeite, brauche ich den Immobiliencashflow nicht und reinvestiere ihn voll in Sondertilgungen, Reparaturen, Sonderumlagen, Modernisierungen oder den Kauf neuer Objekte. Darüber hinaus bieten viele Finanzinstitute Annuitätendarlehen an, die während der Kreditlaufzeit eine kostenfreie Veränderung der Tilgungsrate zulassen und damit weitere Flexibilität für den Darlehensnehmer ermöglichen. In Phasen guter sonstiger Erträge gebe ich hier gerne Vollgas.

Ein weiterer Vorteil eines höheren Eigenkapitaleinsatz (also einer niedrigeren Rendite) ist, dass der monatliche Cashflow höher ausfällt und damit die persönliche Sicherheit steigt und die nachhaltige Liquiditätsausstattung. Die Investition in eine Immobilie ist ein von mir losgelöstes System, also ein Selbstläufer, den ich mit weiteren Eigenmitteln anfüttern kann, um den Vermögensaufbau weiter zu beschleunigen.

Volle Kontrolle über die Investition

Das Gute an einer Immobilieninvestition ist, dass ich alle wesentlichen Faktoren wie Mieterauswahl, Objektauswahl und Finanzierung selbst gestalten kann. Ich habe also Kontrolle über meine Investition. Kontrolle und Einflussnahmemöglichkeiten auf die Investition und dessen wesentlichen Stellschrauben bedeuten Sicherheit. Ein hohes Risiko bedeutet für mich im Umkehrschluss kaum Möglichkeiten der Einflussnahme auf das Investment.

Für mich persönlich ist das Thema Sicherheit das zentrale Element jeder Investition. Das heißt, ich mag keine „bösen" Überraschungen, die mich zu sehr stressen oder belasten und über die ich im Vorfeld nicht reflektiert habe, die mich also unerwartet treffen. Entsprechend versuche ich bei jedem Immobilienprojekt, alle möglichen Risiken so weit wie möglich zu reduzieren oder im Vorfeld darüber nachzudenken und Lösungsstrategien zu entwickeln. Dass heißt, ich versuche Risiko für mich bewusst wahrzunehmen und kalkulierbar zu machen. Denn Risiken, die ich im Vorfeld wahrgenommen und geistig gelöst habe, stressen mich persönlich nicht, denn ich habe sie ja schon im Vorfeld kommen sehen und habe eine Lösungsstrategie parat.

Die größten Ängste, die ich mit einer Immobilieninvestition verbinde sind: Ein Ausfall der Miete über einen längeren Zeitraum, Sonderumlagen für ungeplante Ausgaben am Gemeinschaftseigentum oder Sondereigentum und ein ungeplanter Anstieg der Kreditratenhöhe beziehungsweise die Situation, in der ich meine Kreditraten nicht bedienen kann. Das heißt im Umkehrschluss, dass ich mir für alle diese Fälle im Vorfeld ein sauberes Lösungskonzept erarbeiten muss, um einen störungsfreien Vermögensaufbau betreiben zu können. Auch dazu werde ich Dir in den folgenden Kapiteln weitere Lösungsansätze anbieten.

Obwohl meine erste Investition in eine 2-Zimmerwohnung zu stark sicherheitslastig angelegt war, war es mir ein gutes Lernbeispiel für alle Projekte die folgten, wie man es nicht unbedingt machen sollte, wenn man einen schnellen Vermögensaufbau forciert. Ziel ist das Erreichen eines optimalen Gleichgewichtes zwischen den Faktoren Liquidität, Sicherheit und Ertragskraft.

5 Immobilien richtig nutzen

Es herrscht die allgemeine Meinung, dass nur Menschen die besser verdienen, sich eine eigene Immobilie leisten können. Diese Meinung erscheint auf den ersten Blick plausibel, auch in Anbetracht der Hohen Grundstücks- und Baukosten in Deutschland. Lösen kann man diese Problematik nur mit einer Kraftanstrengung, die sich Sparen nennt. Das kann auf zweierlei Weise erreicht werden. Erstens durch Konsumverzicht und zweitens durch die Erhöhung des Einkommens. Das klingt banal und die Antwort lautet: Das ist es auch! Im Angelsächsischen würde man sagen: *There is no free lunch* oder bei uns: Von nichts kommt nichts. Alternativ zum Konsumverzicht spricht man auch von negativer Einkommenserhöhung. Wir erhöhen unser frei verfügbares Einkommen, indem wir weniger ausgeben und unsere fixen Kosten reduzieren. Für viele ist der tägliche Konsum zur Droge geworden. Diesen Drogenkonsum gilt es durch alte Tugenden zu ersetzen. Das heißt, wir ersetzen die tägliche Verführung der Konsumlandschaft durch das Konzept des Sparens für unsere langfristige Erfüllung. Wir machen also eine eine Konsumdiät, um den Vermögensaufbau mit Immobilien starten zu können. Eine direkte Einkommenserhöhung ist oft am Schnellsten zu erreichen, indem wir uns einen Nebenjob suchen. Unser erklärtes Ziel: Aufbau eines Barvermögens (Eigenkapitalgewinnung) von zum Beispiel 15.000,00 Euro. Wenn Du es also schaffst, jeden Monat das Gehalt aus Deinem Minijob wegzusparen sowie einen zusätzlichen kleinen Teil durch Konsumverzicht beizutragen, dann bist Du innerhalb von drei Jahren in der Lage, in die Immobilienwelt einzusteigen. Nach der Investition unserer Sparleistung ist es unser Ziel, laufendes Einkommen aus Vermietung zu erzeugen.
Bei der Nutzungsart von Immobilien unterscheide ich grundlegend drei Fälle: Die Eigennutzung, den Immobilienflip und die Cashflow Deals. Im Folgenden werden wir uns alle drei Fälle anschauen, um die Werte der einzelnen Modelle für den eigenen Vermögensaufbau herauszufinden.

5.1 Sinn und Unsinn des Eigenheims

Für viele Menschen in Deutschland steht das Eigenheim auf der Wunschliste an oberster Stelle. Es ist Sinnbild für ein mietfreies, eigenbestimmtes und damit leichteres Leben. Unter dem Gesichtspunkt „Vermögensaufbau“ hat dieser Lebenstraum aber nur wenig mit der Realität zu tun. Das Eigenheim erwirtschaftet keine Mieteinnahmen, erzeugt kaum Steuervorteile und beansprucht einen hohen Anteil vom monatlichen Nettoeinkommen.

Im Vergleich zum Mieten muss der Eigenheimkäufer jegliche Verwaltungs- und Verwalterkosten, Instandhaltungskosten, die keine laufenden Wartungskosten sind, Beiträge zur Instandhaltungsrücklage, Instandsetzungskosten und die Kosten des Geldverkehrs, um nur einige zu nennen, selber zahlen. Beim Haus kommt noch der Aufwand hinzu, dass man sich als Eigenheimbesitzer um alles selber kümmern muss: Rasenmähen, Heckenschneiden, Bäume stutzen, Schneeräumdienst, Abstimmung mit dem Schornsteinfeger, Organisation der Wartungsarbeiten am Haus und so weiter. Alle diese Kosten, mit ganz wenigen Ausnahmen, müssen aus dem Netto bedient werden. Hier merkt man schnell, dass es sich mit der monatlichen Kreditrate noch lange nicht erledigt hat. Neben den Erschließungskosten bei der Errichtung des Hauses werden von den Kommunen für Reparaturen und Anbauten weitere Gebühren von den Grundstückseigentümer erhoben. Als Mieter sieht man diesem Kostenanfall gelassen entgegen, denn mit der monatlichen Mietzahlung (Kaltmiete, Betriebskosten und Energiekosten) sind im Prinzip alle Kosten abgedeckt und gedeckelt. Bei einem Defekt der Heizung ruft man einfach seinen Vermieter an.

Darüber hinaus wird bei der Auswahl der eigenen vier Wände oft ein höherer Maßstab angelegt und entsprechend mehr Geld ausgegeben, als wenn man eine Wohnung für die Vermietung erwirbt. Denn in den eigenen vier Wänden dürfen es dann schon mal Echtholzparkett oder Feinsteinfliesen sein.

Unter der Voraussetzung, dass der Mieter das freie Kapital, das er nicht durch den Kauf einer Immobilie verliert, spart und am Finanzmarkt anlegt, schneidet er in der rein finanzmathematischen Betrachtung oft deutlich besser ab. Das heißt, wenn ein Mieter konsequent seinen Wohnkostenvorteil anspart, wird er am Ende ein deutlich höheres Vermögen erreichen können, als ein Immobilieneigentümer, der selbst sein Eigentum bewohnt. Darüber hinaus wird der Mieter deutlich weniger Risiken ausgesetzt sein und verfügt über einen Flexibilitätsvorteil in seiner persönlichen Lebensplanung.

In den üblichen Publikationen wird in der Regel nur die Möglichkeit des Mietens mit der des Kaufens zur Eigennutzung verglichen. Was aber regelmäßig außer Acht bleibt, ist der Vergleich mit der dritten Option: Miete und Kauf-Vermietung. Das heißt, man bleibt in der Mietwohnung wohnen und kauft eine weitere Wohnung zur Kapitalanlage, die man dann weiter vermietet. Beide Modelle, die des Mietens und die des Kaufens, werden in dieser dritten Option vereint und ermöglichen im Ergebnis den besten Vermögensaufbau, gepaart mit der größtmöglichen Flexibilität.

Merke: Für den Zweck des Vermögensaufbaus ist das Eigenheim im Prinzip ungeeignet. Es ist ein Konsumgut und kein Investitionsgut

5.2 Immobilienflips – Veräußerungsgewinn durch Verkauf

Grundlegend gibt es zwei Möglichkeiten, um mit Immobilien Geld zu verdienen: Durch Immobilienflips oder durch Cashflow Deals. Bei Immobilienflips steht der An- und Verkauf einer Immobilie im Vordergrund. Also das Ziel, das Objekt günstig einzukaufen, um es teurer zu verkaufen. Gewinn entsteht, wenn der Verkaufserlös den Einkaufspreis (inklusive einer eventuellen Renovierung oder Sanierung) und die Transaktionskosten (Anschaffungsnebenkosten und Verkaufsnebenkosten) übersteigt. Im weiteren Sinne kann man unter Transaktionskosten jede Form von Anbahnungs-, Verhandlungs-, Vereinbarungs-, Abwicklungs- und Beendigungskosten verstehen, die den Einkauf, sowie den Verkauf des Objektes unterstützen. In der folgenden Beispielrechnung bestehen die Transaktionskosten aus den Anschaffungsnebenkosten, den Kosten der Anzeigenschaltung, den Kosten für die Löschung einer eingetragenen Grundschuld und der Vorfälligkeitsentschädigung für die Bank.

Verkaufspreis des Objektes:	120.000,00 €
▪ Anschaffungskosten des Objektes (inkl. Nebenkosten):	92.000,00 €
▪ Anzeigenschaltung:	200,00 €
▪ Löschung von Rechten Dritter (Notarkosten):	200,00 €
▪ Vorfälligkeitsentschädigung für die Bank:	7.000,00 €
= Gewinn des Immobilienflipps vor Steuern:	20.600,00 €

Abb. 14: *Der Gewinn beim Immobilienflipping.*

In unserer Beispielrechnung ergibt sich damit vor Steuern ein Gewinn in Höhe von 20.600,00 Euro. Bei Immobilienflips erhofft sich der Verkäufer in der Regel, einen schnellen Gewinn zu realisieren. Mögliche Gründe für diesen Gewinn sind zum Beispiel:

- Ein Einkaufspreis, der unter dem üblichen Marktpreis liegt, konnte durch Verhandlungsgeschick und geduldige Objektauswahl erzielt werden.
- Durch einen Verkaufsnotfall konnte ein gutes Objekt zu einem günstigen Preis erworben werden.
- Es konnte ein Einkaufserfolg im Rahmen einer Zwangsversteigerung/ Nachlassverwaltung erzielt werden.
- Es wurde eine sanierungsbedürftige Immobilie erworben; durch Renovierung/Sanierung konnte kurzfristig eine wertsteigernde Veredelung erreicht werden.
- Lucky Punch; ich habe einen Käufer gefunden, der bereit war, mir einen Preis für das Objekt zu zahlen, der weit über dem Marktpreis lag.

Immobilienflips basieren immer auf der Idee des günstigen Einkaufs mit der Hoffnung, das Objekt zu einem für den Verkäufer attraktiven Verkaufspreis zu veräußern.

Dieses Geschäftsmodell beinhaltet erfahrungsgemäß ein gewisses Maß an Spekulation (Glücksmoment) und bedarf entsprechend auch eines höheren Maßes an freier Liquidität, um längere Warte-/Haltephasen, Sanierungen oder Renovierungen aus eigenen Mitteln finanzieren zu können. Entsprechend ist es für den systematischen Vermögensaufbau für Personen mit begrenzter freier Liquidität nicht wirklich geeignet. Ausnahmen von der berühmten Regel gibt es immer wieder. Immobilienflips zielen auf eine hohe kurzfristige Rendite ab. Entsprechend steigt das Risiko, reduziert sich die Sicherheit und es erhöht sich der kurzfristige Liquiditätsbedarf (siehe Abb. 12: Das Immobilien-Invest-Dreieck).
Das Ziel dieses Buches ist es jedoch, Dir einen gesicherten Vermögensaufbau zu ermöglichen und Konzepte mit Potential für „böse" Überraschungen zu vermeiden. Immobilienflips sind also entsprechend nur etwas für geübte und liquiditätsstarke Investoren. Davon unberücksichtigt ist die Möglichkeit, Immobilen nach einer privaten Haltefrist von 10 Jahren steuerfrei veräußern zu können (in Deutschland ist der Verkaufserlös einer privaten Immobilie

nach 10 Jahren aktuell noch zu 100 % steuerfrei, begrenzt auf 3 Objekte innerhalb von 5 Jahren). Davon sollte man aber nur dann Gebrauch machen, wenn erstens das Verkaufsangebot entsprechend attraktiv ist, also ein hoher steuerfreier Gewinn realisierbar ist, und wenn zweitens die gewonnene freie Liquidität in neue Objekte investiert werden kann. Ansonsten ist der Verkauf von guten Objekten eher kontraproduktiv für den Vermögensaufbau. Somit kommen wir zur Königsklasse für den systematischen Vermögensaufbau: Den Cashflow Deals.

5.3 Cashflow Deals – Kapitalanlage durch Vermietung

In diesem Buch sind Cashflow Deals das Anlagemodell schlechthin, wenn es um den systematischen Vermögensaufbau geht. Anders als bei Immobilienflips steht hier nicht die kurzfristige Gewinnerzielungsabsicht im Vordergrund, sondern der nachhaltige Vermögensaufbau mittels regelmäßiger Geldzuflüsse. Der Cashflow stellt dabei den Geldfluss pro Periode (Monat oder Jahr) dar und ist im Ergebnis der Saldo aus Geldeingang und Geldabgang, wie die Rechnung in Abbildung 15 verdeutlicht.

Ein positiver Cashflow versetzt den Immobilieneigentümer in die Lage, aus den Mieteinnahmen die Darlehensverpflichtungen ordentlich zu bedienen, Rücklagen zu bilden und neue Immobilienkäufe vorzunehmen. Er gibt damit Auskunft über die Tragfähigkeit des einzelnen Immobiliengeschäftes. Der aktuelle Verkehrswert der Immobilie spielt für den monatlichen Cashflow eher eine untergeordnete Rolle. Das Einzige was dem Cashflow Deal wichtig ist, ist der Cashflow, den die Immobilie erzeugt. Im obigen Beispiel „Abb. 15: Cashflowrechnung" ist der positive Cashflow der Immobilie 77,16 Euro pro Monat. Zusätzlich zum positiven Cashflow tilgt das Immobilienkonzept den Kredit in Höhe von 193,75 Euro. Damit trägt die Immobilie zum Vermögensaufbau in Höhe von 270,91 Euro (193,75 € + 77,16 €) pro Monat bei.
Für einen Cashflow Deal sind alle Faktoren wichtig, die den Cashflow negativ oder positiv direkt beeinflussen. Das sind in erster Linie die monatliche Kaltmiete, die nicht umlagefähigen Kosten, die kalkulatorischen Kosten und die Darlehenskosten. Grundsätzlich werden bei einer Cashflowrechnung nur Mittelzufluss- und Mittelabflusspositionen berücksichtigt. Basierend auf dem Vorsichtsprinzip berücksichtige ich aber zusätzlich das mögliche Mietausfallwagnis und eventuelle Instandhaltungs- und Reparaturkosten, um nicht von diesen Kostenrisiken überrascht zu werden. Ich selbst habe für diese kalkulatorischen Kosten ein gebührenfreies Tagesgeldkonto eingerichtet, auf das ich per Dauerauftrag ein Teil der Mieteinnahmen umbuche, um im Fall der Fälle diese Ausgaben einfach auffangen zu können. In unserer Beispielrechnung sind das 72,84 Euro (14,48 € + 58,36 €) pro Monat.
Für mich ist ein Risiko nur dann ein Risiko, wenn es nicht abgesichert ist. Entsprechend ist jedes fest einkalkulierte „Risiko" kein Risiko per Definition mehr, sondern ein planbarer Kostenbestandteil des Geschäftsmodells.

OBJEKT:	Musterstrasse 1, XXXX Musterstadt 2-Zimmer-Wohnung 2. OG ohne Fahrstuhl ohne Stellplatz/ Garage		
Wohnungsgröße:	66	qm	
Baujahr:	1910	Baujahr	
Preis/qm	8,71 €	€uro	
Cashflowrechnung auf Monatsbasis:			
Mittelzufluss:			
Kaltmiete / Nettomiete Wohnung	575,00 €	(66 qm * 9,00 Euro)	
Kaltmiete / Nettomiete Garage	- €		
Gesamtkaltmiete	**575,00 €**		
Umlagefähige Kosten	149,00 €		
Bruttomiete / Mittelzufluss	**724,00 €**		
Mittelabfluss:			
Umlagefähige Kosten	140,00 €		
Nicht umlagefähige Kosten	75,00 €		
Grundsteuer	9,00 €	%	
kalk. Mietausfallwagnis	14,48 €	2,00%	
kalk. Instandhaltung- & Reparaturkosten	58,36 €	0,80%	
		ZINSEN	**TILGUNG**
DARLEHEN:	350,00 €	156,25 €	193,75 €
Mittelabfluss:	**646,84 €**	**156,28 €**	**193,75 €**
Cashflow	**77,16 €**		

Abb. 15: *Die Cashflowrechnung.*

Ein Risiko besteht meiner Meinung nach nur dann, wenn ich diese möglichen Ausgaben nicht durch ein Rücklagenkonto absichere. Oft werden diese „Nebenkosten“ unterschätzt oder einfach nicht berücksichtigt und führen damit zu einem erhöhten Investitionsrisiko. Darüber hinaus treten diese Ausgaben zeitlich unregelmäßig und in stark schwankender Höhe auf.

Nach einem „guten“ Immobilieneinkauf fallen in den ersten Jahren kaum Instandhaltungskosten an und so kann es schnell passieren, dass wir es schlichtweg vergessen, dass es diese Ausgaben überhaupt gibt. Entsprechend werden dann auch keine Liquiditätsrücklagen für den Eintrittsfall gebildet. Eine gute Lösung, die ich Dir also nur empfehlen kann, ist es, von Anfang an einen kalkulatorischen Durchschnittswert für diese Art von Ausgaben festzulegen und ein Rücklagenkonto einzurichten, um einen entsprechenden Kostenanfall abzufedern.

Die Positionen der Cashflowrechnung, die Du entscheidend beeinflussen kannst, sind primär die Kaltmiete, die monatliche Darlehensrate und durch die Auswahl des Objektes an sich die Zusammensetzung und Höhe von umlagefähigen und nicht umlagefähigen Kosten. Darüber hinaus kannst Du im Rahmen des Auswahlprozesses ein Objekt erwerben, das in einer guten Lage und in einem guten Zustand ist, womit Du entsprechend positiv auf die kalkulatorischen Kosten einwirken kannst. Die Zusammensetzung dieser Komponenten bestimmt die Profitabilität Deines Cashflow Deals. Da die Kaltmiete die einzige Einnahmequelle von Cashflow Deals ist, nimmt sie eine zentrale Rolle ein. Das heißt, eine Wohneinheit, die bei gleicher Kostenstruktur eine hohe Kaltmiete generiert, erzeugt auch einen höheren positiven Cashflow als das gleiche Objekt mit einer niedrigeren Kaltmiete. Die Frage, die sich hierbei stellt, ist: Wie kann man eine dauerhaft hohe Kaltmiete erzeugen? Diese Frage ist wichtig und zugleich einfach zu beantworten: Die Höhe der Kaltmiete und damit der Wert der Wohneinheit spiegelt sich im spezifischen Nutzen wieder, den die Wohnung dem Mieter stiftet. Wenn es also Mieter gibt, die gewillt sind, für die Wohnung eine Kaltmiete von 500,00 Euro zu bezahlen, dann ist das auch der Wert, den das Objekt als Cashflow Deal für Dich hat. Für den Kauf von Cashflow Deals ist es entsprechend wichtig, Wohneinheiten zu erwerben, die für möglichst viele Mieter einen hohen nachhaltigen Nutzen stiften. Der Nutzen einer Wohnung resultiert in der Regel aus der Lage, der Beschaffenheit und der Ausstattungsqualität der Wohnung. Entsprechend kann man diesen Nutzen auch beeinflussen. Zum Beispiel kann durch den Anbau eines Balkons die Attraktivität des Objektes erhöht werden. Daraus ergibt sich dann ein höherer Kundennutzen und damit die Chance auf eine höhere Kaltmiete. Das heißt, der Wert unserer Cashflow Immobilie steigt. Wenn ich allerdings die Miete der Wohneinheit erhöhe, ohne eine Anhebung des Nutzens vorzunehmen, dann riskiere ich damit logischerweise, dass der Mieter langfristig in eine andere Wohnung umzieht, die ihm dann zu einem niedrigeren Preis den gleichen Nutzen stiftet. Der Nutzen, den eine Immobilie stiftet, ist von vielen Faktoren abhängig, die oft auch einfach unter dem Motto „Lage, Lage, Lage“ zusammengefasst werden.

Nachdem nun die Nutzungskonzeptionen Eigennutzung, Immobilienflips und Cashflow Deals eingehend beleuchtet wurden, kommen wir nun zum Immobilieneinkauf.

6 Der Immobilieneinkaufsführer

Dieses Kapitel macht deutlich, wie der Erwerb von Immobilien zum Vermögensaufbau funktioniert. Es zeigt im Rahmen eines Immobilien-Checks, welche Auswahlkriterien und Unterlagen für Dich erfolgsentscheidend sind und wo beziehungsweise wie Du diese Objekte findest. Darüber hinaus befasst sich dieses Kapitel mit dem Nutzen von Immobilienmaklern für den Käufer.

Der erste Schritt: Bevor Du Dich auf die Suche nach guten Cashflow Deals machst, solltest Du in jedem Fall einen Termin bei Deiner Hausbank vereinbaren. Ziel dieses Gespräches ist es, Deinen Finanzierungsrahmen abzustecken. Es geht im ersten Schritt also um die Frage: Wieviel Fremdkapital für die Finanzierung einer Immobilie würde Dir eine Bank zur Verfügung stellen und zu welchen Konditionen? Dieser Termin hat den Sinn, dass Du Deine Suchkriterien an diese Vorgaben anpassen kannst. Du vermeidest also von Beginn an, nach den „falschen" Früchten zu suchen. Das erspart Dir Zeit und Frust! Denn es ist wirklich ärgerlich, einen guten Deal nicht umsetzen zu können, weil er einfach „noch" den eigenen Rahmen sprengt.

Merke: Eine Immobiliensuche sollte mit einem Bankgespräch beginnen und der Frage welchen finanziellen Rahmen Deine Bank Dir einräumt.

Dabei spielt es eher eine untergeordnete Rolle, ob Du dann tatsächlich über Deine Hausbank finanzierst oder eine andere Bank bevorzugst. Die meisten Banken nutzen ähnliche Beurteilungskriterien bei der Darlehensvergabe. Auch ist es für Banken heute üblich, mehrere Angebote machen zu müssen, um einen Auftrag zu erhalten. Ein anständiger Konkurrenzkampf sorgt für eine verbesserte Beratungsqualität, neue und innovative Produkte und sorgt für bessere Finanzierungskonditionen.
Du solltest aber niemals vergessen, dass ein gutes und von gegenseitigem Respekt geprägtes Verhältnis zu Deinem Bankberater Dir Manches vereinfacht und den Finanzierungsprozess beschleunigt. Ich selbst bevorzuge Geschäfte mit Menschen zu tätigen, die ich mag und bei denen ich mich gut aufgehoben fühle. Auch hat das Bankgespräch einen weiteren hohen Mehrwert

für Dich. Du lernst, was Deiner Bank wichtig ist und welche Anforderungen hier ganz konkret an Dich gestellt werden. Es ist empfehlenswert, Deinen Bankberater einfach zu fragen, wie Du Dich weiter verbessern kannst, um in Zukunft mehr Fremdkapital zur Verfügung gestellt zu bekommen. Sieh jeden Termin mit Deinem Bankberater als einen wertvollen Beratungstermin an und nutze diesen, um alle Fragen zu stellen, die Dir wichtig sind und um etwas zu lernen. Beim ersten Immobilienkauf empfehle ich Dir, eher „klein" zu starten, Dich also für ein kleineres Objekt zu entscheiden. Das reduziert von Anfang an das Investitionsrisiko, hat aber den gleichen Lerneffekt, wie beim Kauf eines größeren Objektes.

Merke: Erfolg entsteht in kleinen Schritten!

Bei der Suche nach guten Cashflow Deals ist die eigene Einstellung wichtig. Es sind weiche sowie harte Suchfaktoren zu berücksichtigen. Ich empfehle Dir folgende Vorgehensweise: Im ersten Schritt steckst Du den Finanzierungsrahmen ab und legst dann die entsprechenden Suchfaktoren fest. Du erstellst also ein Suchraster und beginnst dann mit der Suche. Erfolg bei der Immobiliensuche bedeutet, keine Kompromisse einzugehen, sondern konsequent und mit viel Geduld nach der „Nadel im Heuhaufen" zu suchen. Wenn Du kein passendes Objekt findest, dann kaufst Du auch keines und wartest geduldig ab! Es gibt immer eine Chance und die Suche qualifiziert Dich weiter. Bei jeder Objektbesichtigung lernst Du etwas Neues dazu und dieser Lernprozess verbessert Deine Immobilienbildung. Oft ergeben sich dadurch neue Gelegenheiten oder interessante Kontakte. Hier ist also auch der Weg das Ziel.

Das Bestimmen von Suchfaktoren hat zum Ziel, ein Suchraster zu entwickeln, mit dessen Hilfe Du Immobilien sichten und auf Ihre Eignung hin bewerten kannst. Je besser Du vorgearbeitet hast, desto schneller geht die Objektbewertung und umso weniger Zeit kostet Dich der Such- und Auswahlprozess. Der Erfolg eines Immobiliengeschäftes liegt primär im Einkauf. Die Qualität Deines Einkaufes definiert die Qualität Deines Vermögensaufbaus. Entsprechend wichtig ist es, nicht intuitiv und mit dem Herzen vorzugehen. Entscheidend für den Auswahlprozess ist, dass eine Kapitalanlage immer nach Faktenlage beurteilt werden sollte. Der Feind der Faktenlage ist das Entscheiden nach Meinungen oder Annahmen. Eine Annahme ist im Immobilienkontext eine Kaufentscheidung ohne Wissen und Erfahrung oder rein basierend auf den Aussagen des Immobilienmaklers, Verkäufers oder eines anderen Meinungsgebers. Annahmen bergen immer das erhöhte Risiko, dass sie nicht eintreten oder schlichtweg falsch sind. Ein Faktum dagegen ist ein nachweisbarer oder anerkannter Sachverhalt mit entsprechend reduziertem Risiko, also eine Entscheidungsgrundlage basierend auf Wissen oder Erfahrung. Das heißt, immer wenn ich eine Entscheidung basierend auf einer Annahme und nicht basierend auf Faktenwissen vornehme, erhöhe ich das Risiko meiner Kapitalanlage. Entsprechend ergibt sich daraus folgende logische Schlussfolgerung: Ich höre mir alle Meinungen aufmerksam an, aber ich erkenne sie, als das was sie sind: Meinungen oder Annahmen. Da man als Immobilieninvestor aber ein möglichst kleines Informationsrisiko bevorzugt, prüft man alle Aussagen und Annahmen einfach nach. Wenn zum Beispiel der Immobilienmakler die verbale Auskunft gibt, die Nebenkosten betragen für die Wohnung 75,00 Euro pro Monat, dann hilft mir das, um eine erste schnelle Beurteilung zu treffen. Aber ich bitte in der Folge immer um die Hausgeldabrechnungen und überprüfe diese Aussage. Oder wenn der Verkäufer angibt, dass die Heizung erst vier Jahre alt ist, dann gehe ich selbst in den Keller oder frage nach der Rechnung/Eigentümerprotokoll aus dem hervorgeht, wann die Heizung wirklich erneuert wurde. Ich habe in der Vergangenheit so viele falsche Aussagen gehört, dass ich einfach nichts mehr als Fakt annehme, was ein Verkäufer angibt, um mich selbst zu schützen.

Ich möchte Verkäufer nicht als schlecht darstellen, aber sie sind eben auch nur Menschen, die Fehler machen oder die Zahlen falsch übernommen haben. Da ich aber nicht für die Fehler anderer bezahlen möchte, da mir meine eigenen Fehler schon reichen, prüfe ich einfach alles nach und reduziere dadurch mein Risiko, einer falschen Annahme zu erliegen. Darüber hinaus ist es schwierig, im Nachgang den Verkäufer oder den Makler haftbar zu machen, wenn sich einzelne verbal getroffene Aussagen als falsch erweisen. Das Thema Rückabwicklung erzeugt auch bei keiner teilnehmenden Partei Fröhlichkeit. Entsprechend sehe ich hier die Verantwortung zur Recherche auf der Seite des Käufers, damit im Nachgang keine Disharmonien erzeugt werden. Das Gute an der Übernahme von Verantwortung ist, dass man hinterher keine Ausrede hat oder die eigene Schuld bei anderen sucht. Durch diese Perspektive bist Du immer selbst Schuld, wenn Du Annahmen oder Aussagen als Fakten anerkennst. Diese Einstellung bewirkt in der Regel, dass Du automatisch alles prüfst, was man Dir vorsetzt, um Dich vor Überraschungen zu schützen. Und das ist gut so!

Der deutsche notarielle Standardkaufvertrag hat ein bisschen den Charakter von „gekauft wie gesehen", was viele vom Konzept des Autokaufs kennen. Da heißt es ja immer so schön: Gekauft, wie gesehen und Probe gefahren unter Ausschluss jedweder Gewährleistung. Das ist die „Nach mir die Sintflut"- oder „Was interessiert mich mein Geschwätz von gestern" - Konzeption. Entsprechend „prüfe, wer sich ewig binde". Vertraue nur den Unterlagen, die Du auch wirklich gesehen hast. Oft ist die Wohnungsquadratmeterzahl überaus optimistisch geschätzt und nicht wirklich berechnet. Und selbstverständlich ist das mieseste Stadtviertel das Boom-Viertel der Zukunft, alle Nachbarn sind immer nett und die Miete kommt immer pünktlich.... Ich hoffe meine Botschaft ist klar! Entsprechend ist der Kauf einer Immobilie immer ein bisschen mit „spannender" Detektivarbeit verbunden und nur die gute Vorbereitung schafft im Nachgang keine bösen, sondern nur positive Überraschungen.
Das Konzept der Suche ist immer: In der Ruhe liegt die Kraft. Das heißt, Du suchst solange weiter bis Du ein Objekt gefunden hast, das den Großteil – am besten alle – der gewünschten Suchkriterien erfüllt. Du machst keine schlechten Kompromisse, weil Du vielleicht ungeduldig bist und Du jetzt endlich starten willst. Kompromisse bei der Immobiliensuche machen in der Regel nicht wirklich glücklich, denn es ist nicht das, was wir wirklich wollen. Außerdem verlangsamen Kompromisse den erfolgreichen Vermögensaufbau. Der günstige Einkauf ist der wesentliche Erfolgsfaktor. Entsprechend sollte dieser gut durchdacht sein. Wie man erfolgreich sucht, zeige ich Dir im Kapitel 7.4 „Die Immobiliensuche". Um die Suche optimal gestalten zu können, solltest Du Dir im nächsten Schritt genau klar machen, nach was Du exakt suchst. Meine Empfehlung ist, sich auf eine bestimmte Objektkategorie zu konzentrieren mit dem Ziel, „Experte" in dieser Kategorie zu werden. Dabei ist es sinnvoll, eine Immobilienkategorie auszuwählen, die für eine möglichst breite Nutzerschicht interessant ist. Denn diese Kategorie verspricht dann in der Folge, eine große Nachfrage zu generieren und eine große Nachfrage bedeutet die Chance, einen guten Mietpreis zu erzielen. Jede Objektkategorie hat ihre eigenen objektimmanenten Vor- und Nachteile. Experte in einer Kategorie zu sein heißt, möglichst viele dieser Vor- und Nachteile zu kennen, um keine Überraschungen zu erleben. Grundlegend stehen für Cashflow Deals folgende Kategorien zur Verfügung:

- **Gewerbeimmobilien:** Die Gewerbeimmobilie kennzeichnet ein Gebäude oder einen Gebäudeteil für ausschließlich oder überwiegend gewerbliche Zwecke. Hierzu zählen Produktionsimmobilien, Büroimmobilien, Logistikimmobilien, Handelsimmobilien, Freizeitimmobilien und Spezialimmobilien. Die Andersartigkeit im Vergleich zu den Wohnimmobilien besteht in der Regel aus einem höheren Investitionsvolumen und weniger Nachfragen. Gewerbliche Mietverträge erlauben eine weitgehende Vertragsfreiheit und entsprechend gibt es keinen gesetzlichen Mieterschutz. Unterschiede bestehen auch in Bezug auf die Behandlung im Bereich der Finanzierung, im Baurecht und im Steuerrecht. Ein weiteres großes Problem ist die erhebliche Abhängigkeit der Nachfrage von Marktdynamiken und konjunkturellen Entwicklungen. Entsprechend sollte man als Privatanleger diesen Bereich nur testen, wenn man über eine hohe Expertise verfügt.

- **Einfamilienhäuser:** Ein Einfamilienhaus ist ein Gebäude, das üblicherweise von einem gemeinsamen Haushalt genutzt wird. Einfamilienhäuser unterteilt man klassischerweise in Reihenhäuser, Doppelhaushälften und freistehende Einfamilienhäuser. Einfamilienhäuser sind üblicherweise zur Selbstnutzung konzipiert und weniger zur Vermietung. Da die Losgröße eins für eine klassische Hausverwaltung und den Vermieter unattraktiv ist, lohnt sich der Erwerb eines Einfamilienhauses zur Kapitalanlage nur begrenzt. Ein weiteres Problem ist, dass Objektschäden – anders als bei einer Eigentümergemeinschaft – immer von einem Vermieter alleine getragen werden müssen. Das schafft Arbeit und oft zu hohe und schwer planbare Ausgaben. Auch ist das Verhältnis von Fläche zu Objekt wesentlich ungünstiger als bei einer Etagenwohnung, was steuerlich wiederum nachteilig ist, da Grundstücke sich ja nicht abnutzen. Entsprechend würde ich Dir Einfamilienhäuser nicht primär als Kapitalanlage empfehlen.

- **Ferienimmobilien** im Inland und Ausland: Bei Ferienimmobilien handelt es sich um möblierte Wohnungen oder Häuser im In- oder Ausland, in der Gäste für einen bestimmten Zeitraum gegen Bezahlung ihren Urlaub verbringen können. Oft werden diese mit hohen Renditeversprechungen (7 bis 12 Prozent) angeboten. Ich selbst habe mit dieser Form der Kapitalanlage nur negative Erfahrungen sammeln können und habe dabei drei Hauptprobleme identifiziert, für die ich selbst keine Lösung gefunden habe. Um mit einer Ferienimmobilie eine gute Rendite zu erzielen, ist es erforderlich, eine gute Auslastung bei niedrigen Betriebs- und Reparaturkosten zu erzielen. Dazu braucht man, wenn man es nicht selber machen will, drei Dienstleister: Einen Vermarktungsdienstleister für die Kundengewinnung, einen guten Reinigungs- und einen Hausmeisterdienst. Oft werden diese Dienstleistungen auch von einer Betreibergesellschaft gebündelt angeboten. Dadurch, dass man üblicherweise nicht in der Nähe der Ferienimmobile wohnt, ist es oft schwierig, die Qualität dieser Dienstleistungen zu überprüfen, was zu folgenden möglichen Problemstellungen führen kann:

Vermarktung: Hier werden die versprochenen Besucherzahlen oft nicht generiert, was zu einer niedrigeren Auslastung führt. Da es sich hierbei um eine nur schlecht überprüfbare Dienstleistung handelt, ist man in einem gewissen Rahmen gezwungen, dem Vermarkter zu vertrauen. Ich selbst habe bisher noch keinen Vermarkter erlebt, der seine Versprechungen hinsichtlich der Auslastung eingehalten hat. Auch kann es passieren, dass die Objekte ohne das Wissen des Eigentümers schwarz vermietet werden. Auch hier ist eine fortlaufende Kontrolle nur schwer möglich. Grundlegend ist das Risiko für Betrug dann am höchsten, wenn man es nicht selbst kontrollieren kann. Also besteht in der Belegung ein hohes Risiko.

Hausmeister- und Reinigungsdienst: Hier werden erfahrungsgemäß enorm oft Glühbirnen gewechselt, und „notwendige Teppichreinigungen" vorgenommen. Bettzeugersatz ist sehr oft „notwendig". Neben den üblichen Reinigungsintervallen sind sehr oft Spezialreinigungen „notwendig", dessen Qualität enorm schlecht sein kann. Permanente Reparaturen sind scheinbar auch „notwendig". Im direkten Vergleich zu einer Vermietung ist die Urlaubsvermietung scheinbar ein Geschäft der ständigen Reparaturen. Aber das kann man nicht prüfen. Es sei denn, Du wohnst direkt am Ort und möchtest Deine Zeit damit verbringen, ständig den Oberaufseher zu mimen. Fakt ist, dass diese Dienstleistungen eine enorme permanente Kostenbelastung darstellt und so die Rendite erheblich reduziert.

Kundenumgang mit der Ferienimmobilie: Hier scheint die Devise zu gelten: *Don´t be gentle, it is rental.* Ich habe Sachen erlebt, die glaubt mir keiner. Hier wurde zum Beispiel das Silvesterfeuerwerk anstatt vor dem Haus im Haus gestartet und ich durfte mich im Nachgang wochenlang mit Versicherungen rumstreiten, bis der Schaden ersetzt war. Bei Objektschäden durch die Mieter bekommst Du oft Haftpflichtversicherer genannt, die immer frecher werden und hier über eine Art von Salamitaktik versuchen, sich Ihrer Verantwortung zu entziehen. Am meisten „liebe" ich das Thema Restwert. Zum Beispiel: Dein Kunde hat den Fußboden zerstört und Du gehst jetzt logischerweise davon aus, dass er die Kosten der Wiederherstellung übernimmt. Falsch gedacht! Die Versicherung bietet Dir nun an: Du bekommst nicht die Kosten für das Verlegen eines Ersatzbodens bezahlt, sondern einen „Restwert". Für diesen Restwert bekommt man aber keinen Ersatzboden, sondern muss ständig etwas drauflegen. Also muss man oft enorm massiv werden, um die gesamten Kosten erstattet zu bekommen und das kostet Zeit und innere Harmonie und macht gar keinen Spaß. Auch werden gerne mal Küchenartikel entwendet und dabei scheint es auch unerheblich zu sein, wie hässlich die Dinger sind. Also musst Du permanent neue Küchenartikel anschaffen. Entsprechend kann ich nur sagen, wenn man nicht am Ort der Vermietung wohnt oder einen anderen Dreh hat, diese Risiken abzufedern, sollte man es sich ganz genau überlegen, ob man sich dem Thema Ferienimmobilie wirklich stellen will. Für mich gibt es nichts Besseres als ein gutes, stressfreies und langlebiges Mieter-Vermieter-Verhältnis im Rahmen eines Cashflow Deals. Selbstverständlich gibt es bestimmt auch Top Servicedienstleister, mit welchen die Zusammenarbeit traumhaft ist. Ich selbst bin diesen aber nicht begegnet und ich habe auch keine Lust, nach diesen zu suchen. Ich bevorzuge ein möglich stressfreies Geschäft.

- **Mehrfamilienhaus und Etagenwohnung:** Das Mehrfamilienhaus beziehungsweise Etagenwohnungen in Mehrfamilienhäusern sind die Anlageklasse meiner Wahl, wenn es um das Thema Vermögensaufbau geht. Dabei bezeichnet ein Mehrfamilienhaus ein Wohngebäude, das für mehrere Mietparteien konzipiert ist. Das Mehrfamilienhaus kann einen Eigentümer haben oder nach dem Wohnungseigentumsgesetz auf verschiedene Eigentümer aufgeteilt sein. Immobilienanfängern empfehle ich nicht – auch wenn es finanziell vielleicht möglich sein sollte – gleich ein ganzes Mehrfamilienhaus zu erwerben, sondern erst mal mit einer 2-Zimmer-Etagenwohnung (55 bis 75 qm) den Vermögensaufbau zu beginnen. Erfahrungsgemäß ist das auch eine Wohnungsgröße, die die breiteste Nachfragerschicht anspricht. Hier können eine bis drei Personen wohnen. Die Wohnungsgröße hat wenig Mieterwechsel, da das Wohnen – anders als bei einer 1-Zimmer-Wohnung – in dieser

Größenordnung langfristig komfortabel ist. Ich selbst bin kein großer Freund von Apartmentwohnungen (1-Zimmer-Wohnungen). Man kann mit diesen zwar eine höhere Miete pro Quadratmeter realisieren, der häufige Mieterwechsel und die dabei entstehenden Transaktionskosten reduzieren jedoch die Rendite oft erheblich und erzeugen Arbeitsaufwand. Ich selbst habe es gerne stressfrei. Entsprechend kaufe ich mir ungern zusätzliche Arbeit ein. Im Vergleich zum Einfamilienhaus ist der Erwerb einer Etagenwohnung risikobegrenzter, da zum Beispiel Reparaturen am Gemeinschaftseigentum nicht von einer Person alleine getragen werden müssen, sondern gemeinschaftlich von allen Eigentümern. Entsprechend reduziert sich das Risiko. Der alleinige Besitz eines Mehrfamilienhauses hat definitiv Kosten- und Renditevorteile, aber es bedarf einem höheren Liquiditätsbestand, um eventuell anfallende Schäden abfedern zu können. Entsprechend empfehle ich erstmal den systematischen Erwerb von zum Beispiel 10 Eigentumswohnungen, bevor man mit dem Ankauf von Mehrfamilienhäusern beginnt.

Bei der Objektauswahl ist meine persönliche Strategie: So viel Nutzen wie möglich für eine maximal große Nutzerschicht zu erzeugen. Entsprechend hat sich über die Zeit ein Immobiliensuchraster – aufgeschlüsselt nach harten und weichen Suchfaktoren – herausgebildet, das einen hohen Nutzen für den Mieter erzeugt und damit eine nachhaltige Mietrendite erwarten lässt. Die Faktoren sind in Abblildung 16 und 17 dargestellt.

Bei der Immobiliensuche geht es darum, Objekte zu finden, die diesem Suchraster so exakt wie möglich entsprechen. Je mehr negative Abweichungen vorliegen, um so eher besteht das Risiko einer reduzierten Objektrendite. Wenn sich die Etagenwohnung zum Beispiel im vierten Stock ohne Fahrstuhl befindet oder keine Badewanne hat, werde ich ältere Menschen, Menschen mit Gebrechlichkeiten oder Menschen mit Übergewicht, Menschen mit Komfortanspruch oder Menschen, die das Bad in einer Badewanne zur Entspannung lieben, schon mal von meiner Nachfragerliste streichen können.
Das reduziert den Nutzen der Wohnung für eine breite Nachfragerschicht und damit den Wert der Wohnung als Cashflow Deal. Damit reduziert sich entsprechend die Kaltmiete, die ich für eine Wohnung im vierten Stock ohne Badewanne verlangen kann. Im Kapitel 7.1 „Der Objekt Basis-Check“ wird im Einzelnen noch mal auf die wesentlichen Punkte eingegangen.

Kaufobjekt:

- 2 Zimmer-Wohnung
- 55 - 75 qm Wohnfläche
- Energieausweis positiv
- Kellerabteil
- bis 3. OG ohne Fahrstuhl; ab 3. OG mit Fahrstuhl
- Stellplatz oder Garage
- Balkon
- Guter Grundriss
- WC/Bad mit Fenster
- Dusche und Badewanne
- Gasetagen- oder Gaszentralheizung
- Keine Hauptverkehrsstraße (Ruhige Lage wird bevorzugt)

Hauszustand:

- Baujahr bis 1924
- In einem „reinen" Mehrfamilienhaus mit max. 15 Wohneinheiten
- Kein Denkmalschutz
- Allgemeinzustand Haus: OK
- Instandhaltungsrücklage: Max.
- Kein Renovierungsstau
- Zustand Dach: Gut
- Alter Fenster: Max. 10 Jahre bzw. guter Zustand

Umfeld:

- Die Wohnung befindet sich in A- oder B-Lage
- Gute Wohninfrastruktur im Umfeld
- Gut an öffentliche Verkehrsmittel angebunden (U-Bahn, Bus, Bahn)
- Zu Fuß max. 20 Minuten in die Innenstadt
- Stadt ab 100.000 Einwohner
- Positive Job- und Bevölkerungsentwicklung

***Abb. 16:** Die weichen Faktoren des Immobiliensuchrasters.*

Darüber hinaus sind die harten Faktoren maßgeblich für die Cashflowberechnung und berücksichtigen auch die Faktoren Kapitalausstattung und Finanzierungskonditionen. Folgendes Schaubild liefert einen Überblick über diese Faktoren:

Objektdaten:

▪ Höhe der Kaltmiete:	575,00 € /Monat
▪ Höhe der umlagefähigen Kosten:	140,00 € /Monat
▪ Höhe der nicht umlagefähigen Kosten:	75,00 € /Monat
▪ Grundsteuer:	9,00 € /Monat
▪ Kein Makler	
▪ Grunderwerbsteuer:	3,5 % Bayern

Kapitalausstattung:

▪ Eigenkapitaleinsatz:	17.000,00 €
▪ Fremdkapitalbedarf:	75.000,00 €

Finanzierungskonditionen:

▪ Darlehenskosteneffektiv:	2,5 %
▪ Tilgung Annuitätendarlehen:	3,1 %

Abb. 17: *Die harten Faktoren der Immobiliensuche.*

Die Objektdaten erhalte ich vom Eigentümer oder dem Immobilienmakler, beziehunsgweise aus den zur Verfügung gestellten Unterlagen. Die Kapitalausstattung beschreibt, wie viel Eigenmittel mir für meinen Cashflow Deal zur Verfügung steht. Als Differenz zu den Anschaffungskosten ergibt sich der Fremdkapitalbedarf, den ich dann finanzieren muss. Die Finanzierungskonditionen, mit denen ich in der Cashflow Rechnung kalkuliere, sind das Ergebnis meines Bankvorgespräches. In der Praxis ergeben sich dann oft noch kleinere Abweichungen der Bankkonditionen, da die Objekteinwertung von Seiten der Bank ebenfalls Einfluss auf die Finanzierungskonditionen hat. Wenn das gefundene Objekt dem Suchraster hinsichtlich der weichen Konditionen entspricht, nimmt man eine Gesamtkalkulation vor. Zu diesem Zweck habe ich Dir auf der Internetseite: www.education-punk.de folgendes Kalkulationsschema zur Verfügung gestellt:

Cashflowrechnung auf Monatsbasis:			
Mittelzufluss:			
Kaltmiete / Nettomiete Wohnung	575,00 €	(66 qm * 9,00 Euro)	
Kaltmiete / Nettomiete Garage	- €		
Gesamtkaltmiete	**575,00 €**		
Umlagefähige Kosten	149,00 €		
Bruttomiete / Mittelzufluss	**724,00 €**		
Mittelabfluss:			
Umlagefähige Kosten	140,00 €		
Nicht umlagefähige Kosten	75,00 €		
Grundsteuer	9,00 €	%	
kalk. Mietausfallwagnis	14,48 €	2,00%	
kalk. Instandhaltung- & Reparaturkosten	58,36 €	0,80%	
		ZINSEN	**TILGUNG**
DARLEHEN:	350,00 €	156,25 €	193,75 €
Mittelabfluss:	**646,84 €**	**156,28 €**	**193,75 €**
Cashflow	**77,16 €**		
Tilgung:	**3,10%**		
Darlehenskosten effektiv:	**2,50%**		
Gesamtkapitaltrendite ohne Zins:	**5,57%**		
Eigenkapitalrendite:	**19,12%**		
Objektwert (Kaufpreis) nominal:	87.535,68 €		
Maklergebühren:	- €	0,00%	
Notargebühren:	1.400,57 €	1,60%	
Grunderwerbssteuer:	3.063,75 €	3,50%	
Anschaffungskosten:	**92.000,00 €**		
Renovierung & Sanierung	- €		
Anschaffungskosten inkl. R & S	**92.000,00 €**		
Eigenkapitaleinsatz:	17.000,00 €		
Fremdkapitaleinsatz (Darlehen)	75.000,00 €		

***Abb. 18:** Die Immobiliengesamtrechnung.*

Ergibt sich aus der Immobiliengesamtrechnung ein positiver Cashflow, eine attraktive Eigenkapitalrendite und die weichen Faktoren lassen eine nachhaltige und positive Mietentwicklung erwarten, kannst Du mit dem Kauf der Immobilie Deinen Vermögensaufbau starten und einen Kaufvertrag beim Notar in Auftrag geben.

Neben den weichen Faktoren sind primär der Einkaufspreis und die Kaltmiete der Immobilie die strategischen Erfolgsfaktoren und entscheiden, ob Du zukünftig mit Deiner Immobilie Erfolg haben wirst. Jede Reduzierung der effektiven Anschaffungskosten führt direkt zu einer Verbesserung der Profitabilität der Immobilie als Kapitalanlage und vice versa. Die gleiche rentabilitätswirksame Verbesserung bewirkt eine Verminderung/Wegfall der Maklerkosten. Hier lohnt sich in jedem Fall, einen harten Verhandlungskurs bis zum Notartermin einzulegen. In der oben dargestellten Cashflowbetrachtung wird die Miete als statische Komponente dargestellt. In der Praxis sind in attraktiven Städten Mieterhöhungen von bis zu 1,5 Prozent pro Jahr durchweg möglich. Neben einem Mietanstieg ist für das Objekt ebenfalls mit einem Wertzuwachs zu rechnen. Ich selbst betrachte steuerliche Vorteile, Wertzuwächse und Mieterhöhungen eher als die Sahne auf dem Kuchen und weniger als feste Größen, mit denen ich kalkuliere. Entsprechend gehe ich hier also nach dem Vorsichtsprinzip vor, berücksichtige diese Effekte nicht und freue mich, wenn es dann besser kommt als kalkuliert.

Merke: Grundlegend gilt für den Immobilienkauf:
Erst rechnen, dann kaufen.

Wenn man ein Faible für das Schöne hat, kann man sich bei den Sanierungs- und Renovierungsobjekten so richtig schön austoben, solange man das Thema positiven Cashflow und Rendite nicht aus den Augen verliert. Mir selbst macht es Freude, schönen Wohnraum zu schaffen.

Wie du meinem Immobiliensuchraster für weiche Faktoren entnehmen kannst, investiere ich primär in gute B Städte mit Bevölkerungswachstum und guten Jobmotoren. Ich schätze Jugendstilimmobilien, da mich ihre Solidität und Optik fasziniert. Ich bevorzuge die stadtnahen Lagen. Mobilität wird immer teurer, da lobt man sich den S- oder U-Bahnanschluss in Wohnungsnähe. Mittlere Preislage ist mein Segment, denn genau das kann sich eine größere Nutzerschicht leisten. Sehr interessant können auch Objekte mit Renovierungsmängeln sein, denn diese räumen Dir die Möglichkeit ein, mit einigen gekonnten Handgriffen und etwas Farbe den Wert eines Objektes kurzfristig erheblich zu steigern. Diese Objekte können oft zu einem wesentlich günstigeren Preis erworben werden. Private Immobilienverkäufer sind selten Marketingexperten und investieren wenig in Farbe oder Bodenbeläge, um den bestmöglichen Preis für Ihre Immobilie zu erhalten. Auch haben Menschen oft nicht genügend Vorstellungskraft dafür, wie eine Wohnung frisch gestrichen und mit neuen Bodenbelägen aussehen kann. Entsprechend haben Menschen mit einem guten Vorstellungsvermögen oft bessere Chancen, gute Geschäfte zu machen. Das folgende Kapitel 7.1 „Der Objekt Basis-Check" versucht Dir einen tieferen Einblick in die Beurteilung der Qualität von Wohnraum zu geben und Dir für die Auswahl Deiner Renditeobjekte eine Unterstützung zu liefern.

6.1 Der Objekt Basis-Check

Bei einer Objektsuche sind viele Faktoren zu berücksichtigen. Die, die ich als wesentlich beurteile, werde ich Dir im Folgenden erläutern, damit Du sie für Deinen Vermögensaufbau gewinnbringend einsetzen kannst. Noch vor 15 Jahren war die Wohnungswelt einfacher. Entweder herrschte Wohnungsnot in Deutschland oder eben nicht. Heute existiert beides parallel. Ein Überschuss an Wohnungen, wie zum Beispiel in Hof oder Gera, und ein Mangel an Wohnungen, wie zum Beispiel in Hamburg, Frankfurt oder München. Entsprechend muss ein Immobilieninvestor heute mehr Faktoren berücksichtigen, um mit Immobilieninvestitionen nachhaltig Freude zu haben:

- **Makroumfeld/Standortwahl:** Eine Wohnung kann an einem Standort der Welt „Betongold" sein und an einem anderen nichts weiter als eine Schrottimmobilie. Wie kommt das? Das Zauberwort ist Nachfrage und diese Nachfrage wird primär durch die Demographie eines Standortes bestimmt. Anders formuliert: *demography is destiny* oder die Demographie eines Standortes bestimmt das Schicksal Deiner Wohnimmobilie. Die Demographie gibt Auskunft über die Geburtenzahlen, Ein- und Auswanderung, zur Sterblichkeitsrate und zum Bevölkerungsbestand und -entwicklung. Standorte mit einer hohen nachhaltigen Wirtschaftskraft, niedriger Arbeitslosigkeit, guten Arbeits- und Ausbildungsmöglichkeiten und hohen Freizeitwerten werden von Menschen bevorzugt aufgesucht und vice versa.

> **Merke:** Erkundige Dich nach der Demographie eines Standortes, bevor Du eine Immobilie kaufst

Entsprechend ist es für jeden Immobilieninvestor wichtig, in Regionen und Städte mit einer guten Demographie zu investieren. Darüber hinaus würde ich selbst nicht unbedingt Städte oder Regionen bevorzugen, die von nur wenigen Betrieben dominiert werden, wie zum Beispiel Wolfsburg oder Ingolstadt. Sobald diese Betriebe in wirtschaftliche Schwierigkeiten geraten, kippt aufgrund ihrer marktdominierenden Stellung die ganze Region. Ohne Arbeitsplätze reduziert sich der Wohnraumbedarf. Entsprechend würde ich auch nicht in Regionen investieren, in denen Militärbasen stationiert sind. Ein Abzug der Truppen kommt einem Räumungskommando gleich. Mit fatalen Konsequenzen für den Wirtschaftraum. Selbstverständlich kannst Du dort investieren und meine „Meinung" nicht teilen, aber warum sollte man sich einem unnötigen Risiko aussetzen, wenn es auch anders geht. Auch besonders kleine Städte und Dörfer bergen das Risiko der begrenzten Nachfragerschicht. Entsprechend tätige ich selbst nur Investitionen in Städten mit mehr als 100.000 Einwohnern.

- **Mikroumfeld:** Neben der Standortwahl ist ein weiteres zentrales Element die Lage der Immobilie und die infrastrukturelle Anbindung. In jeder Stadt gibt es Prämium-, Durchschnitts- und schlechte Lagen. Die Lage beeinflusst wesentlich den Kaufpreis der Immobilie. Gute Lagen zeichnen sich in der Regel durch weniger Lärmbelästigung, attraktive Architektur, grünes Umfeld oder zentrale Lage aus. Auch die Anbindung an die öffentlichen Verkehrsmittel, Einkaufsmöglichkeiten und die Nähe zu Kindergärten und Schulen sind in besseren Lagen meist gut entwickelt. In der Regel sollte das Zentrum in maximal 10 bis 20 Minuten mit den öffentlichen Verkehrsmitteln erreichbar sein. Ein gemütlicher Spaziergang rund um das Zielobjekt gibt oft schnell Aufschluss darüber, in welcher Lage man sich befindet.

- **Das Wohngebäude:** Etagenwohnungen sind Teil eines Mehrfamilienhauses und damit Teil einer Haus- und Eigentümergemeinschaft. Gut funktionierende Gemeinschaften erkennt man oft an der Sauberkeit und Ordnung, also am Pflegezustand des Objektes. Vollgepackte Treppenhäuser und Kellerflure, vermüllte Hinterhöfe, defekte Haustechnik, vergammelte Fahrräder im Fahrradständer, nicht geputzte Fenster, verdreckte Flure, Spinnenweben und ähnliches sprechen meist eine klare Sprache und sollten auf jeden Fall hinterfragt werden. Sie sind oft –

nicht immer – ein Zeichen dafür, dass es Probleme in der Hausgemeinschaft oder mit einzelnen Mietern gibt. Hier ist Aufmerksamkeit geboten, um sich nicht in eine Hausfehde oder andere Probleme einzukaufen. Auch würde ich Dir keine Objekte mit mehr als 15 Wohneinheiten empfehlen oder solche, in denen ein Eigentümer mehr als 50 Prozent der Wohnungen besitzt. Umso mehr Einheiten ein Wohnkomplex beheimatet, umso weniger Gewicht hat die einzelne Stimme und umso weniger kannst Du auf die Geschehnisse in Deinem Haus Einfluss nehmen. Oft bilden sich Grüppchen oder die Hausverwaltung wird zu mächtig, da es sich Eigentümer oft einfach machen und bei Eigentümerversammlungen ihre Stimmvollmacht auf die Hausverwaltung übertragen. Besitzt ein Eigentümer mehr als 50 Prozent der Wohneinheiten, hat dieser bei vielen Fragen quasi eine Monopolstellung. Das macht nicht wirklich Freude, denn schlussendlich möchte man sich ja auch mit seinen eigenen Ideen einbringen können.

Selbstverständlich kann ich an dieser Stelle nicht auf alle Bausachverhalte eingehen. Entsprechend versuche ich es so einfach wie möglich zu halten. Die Bereiche, die größere Probleme und damit Ausgaben nach sich ziehen können sind erfahrungsgemäß: Dach, Heizung, Treppenhaus, Keller, Außenfassade und sonstige Baufälligkeiten beziehungsweise der Instandhaltungsstatus. Hierzu folgende Empfehlungen: Vor dem Kauf sollte man sich unbedingt hinsichtlich des Dachzustandes erkundigen und fragen, wann das Dach zum letzten Mal komplett überholt worden ist. Dächer haben erfahrungsgemäß eine Lebensdauer von 20 bis 40 Jahren.
Bei der Heizung empfehle ich Dir Gaszentral- oder Gasetagenheizungen zu priorisieren. Alle anderen Systeme sind komplizierter und verursachen oft Probleme. Bei reinen Elektroheizungen oder Ofenheizungen/Nachtspeicheröfen würde ich lieber auf die Wohnung verzichten. Es sei denn der Preis ist so überragend, dass Du die Möglichkeit hast, die Wohnung mit einer neuen Gasetagenheizung auszustatten. Dazu braucht es aber auch einen Gasanschluss! Gasheizungen haben erfahrungsgemäß eine Lebenszeit von 10 bis 15 Jahren.
Je jünger das Dach oder die Heizung ist, umso besser und umgekehrt. Bitte schau Dir auch das Treppenhaus, den Dachboden und den Keller genau an und achte darauf, dass Du hier keine Wasserflecken oder Feuchtigkeit im Haus hast. Wasserflecken sind Flecken mit gelben Rändern und Feuchtigkeit zeichnet sich durch Schimmel und einen modrigen Geruch aus.

Wenn es im Haus Leerstand gibt, solltest Du vorsichtig sein. Ein Mehrfamilienhaus in einer guten Lage dürfte keinen Leerstand haben. Es sei denn, es gibt plausible Gründe.
Denkmalschutzobjekte haben zwar steuerliche Vorteile, die Renovierung ist jedoch oft teurer. Achte darauf, dass das Haus keinen Renovierungsstau hat. Eine hervorragende Informationsquelle für alle Arten von Baufälligkeiten und Mängel sind die Eigentümerprotokolle der Eigentümerversammlungen. Auch ist das Gespräch mit dem Mieter oder den Nachbarn eine gute Informationsquelle. Frage den Mieter einfach, ob er mit der Wohnung zufrieden ist. Er hat keinen Grund, Dir einen Bären aufzubinden.
Parkmöglichkeiten sind von Vorteil. Wenn es hiermit schlecht steht, ist das zwar schade, aber ich habe das für die Vermietung nie als sonderlich nachteilig wahrgenommen.
Generell gilt: Augen auf beim Wohnungskauf. Mit dem gesunden Menschenverstand kommt man eigentlich ganz gut klar. Wenn Du Dich unsicher fühlst, hast Du immer die Möglichkeit, vor dem Kauf einen Bausachverständigen zu konsultieren und mit ihm das Objekt zu besichtigen. Mängel bieten oft die Chance für weitere Preisverhandlungen. Ich selbst finde Mängel sehr gut. Ich bevorzuge sogenannte „ehrliche Wohnungen“, die viele offene Mängel aufweisen. Dann kann man eine Preisreduzierung recht einfach durchsetzen und im Anschluss mit den Einsparungen das Objekt „neu“ und nach eigenem Ermessen renovieren. Das ist in jedem Fall besser als eine aus der Mode geratene, aber top gepflegte Immobilie. Hier sind Preisverhandlungen oft zäh.
Auch würde ich Abstand von Mehrfamilienhäusern nehmen, in dessen Erdgeschoss sich Gastronomieeinheiten befinden. Hier ist mit Lärm- und Geruchsbelästigung und im schlimmsten Fall mit Rattenbesuch zu rechnen.

- **Ausstattung der Wohnung:** Bei den Ausstattungsmerkmalen einer Wohnung unterteile ich selbst in Mussmerkmale, Sollmerkmale und Kannmerkmale. Mussmerkmale sind Ausstattungsmerkmale, auf die ich in keinem Fall verzichte. Wenn ein Mussmerkmal fehlt, dann kaufe ich die Wohnung nicht. Sollmerkmale dagegen sind Merkmale, die vorhanden sein sollten. Wenn aber die Wohnung andere Qualitäten aufweist, dann kann man auf diese Merkmale auch schon mal verzichten. Kannmerkmale sind Merkmale, die „nice to have“ sind, aber kein Ausschlusskriterium für den Kauf der Wohnung sind. In der folgenden Aufstellung habe ich meine Auswahlkriterien entsprechend klassifiziert:

	Muss-merkmale	Soll-merkmale	Kann-merkmale
WC/Bad mit Fenster	▪		
Badewanne	▪		
WC/Bad/Dusche in der Wohnung	▪		
Guter Grundriss	▪		
Gaszentral/-Etagenheizung	▪		
Kellerabteil	▪		
Fahrstuhl ab 3. OG	▪		
Keine Erdgeschosswohnung	▪		
Keine Hauptverkehrsstraße	▪		
Deckenhöhe nicht unter 2,40 m	▪		
Helle Wohnung	▪		
Keine Erbpacht	▪		
Balkon/Terrasse/Loggia		▪	
Dusche		▪	
Fenster guter Zustand		▪	
Bad gefliest Türhöhe		▪	
Kabel/Satelitenanschluss		▪	
Telefondose		▪	
Gegensprechanlage mit Türöffner		▪	
Fahrradkeller/-stellplatz			▪
Stellplatz/Garage			▪
Wärmedämmung			▪
Baujahr vor 1924			▪
Dachbodenabteil			▪
Kein Denkmalschutz			▪
Separates WC			▪
Einbauschränke			▪
Rollläden			▪

***Abb. 19:** Klassifizierung von Ausstattungsmerkmalen.*

Ich denke, die meisten dieser Ausstattungsmerkmale sind selbsterklärend. Ein Merkmal würde ich gerne noch detaillierter erörtern, da oft unterschiedliche Ansichten vertreten werden: Der Grundriss. Ein guter Grundriss erhöht den Wohnkomfort, ein schlechter tut das Gegenteil. Ungünstig sind: Durchgangszimmer, eine zu kleine Küche, in der kein Platz für einen kleinen Frühstückstisch ist, ein zu großer Flur, ein zu kleines Badezimmer, in dem man sich nicht wohl fühlt. Kein Raum sollte wie ein Schlauch geschnitten sein und beengend wirken. Ideal sind ein großes Wohnzimmer und ein Schlafzimmer, in dem ein großes Bett und ein Kleiderschrank gut Platz haben. Zu große Schlafzimmer machen wenig Sinn, da der übrige Platz in der Regel keinen weiteren Nutzen stiftet. Es ist sehr gut, wenn ein Gäste-WC „und" ein Bad mit Badewanne und Dusche vorhanden sind. Im Ergebnis hast Du nun ein erstes Suchraster, das Du im Laufe der Zeit mit Deinen eigenen Erfahrungen als Immobilieninvestor anreichern kannst.
Ein weiteres wesentliches Element für Deine erfolgreiche Objektauswahl sind die Objektunterlagen, die wir uns nun im Folgenden zusammen ansehen.

6.2 Die Unterlagen beim Kauf und dessen Wichtigkeit

Vor dem Kauf eines Cashflow Deals solltest Du Dich gut über die Immobilie informieren und so viele Fakten wie möglich sammeln und verdichten, um entspannt den Kauf angehen zu können. Die wesentlichen Unterlagen werden im Folgenden aufgeführt und kurz erläutert. Vor jedem Kauf solltest Du also diese Unterlagen beim Immobilienverkäufer anfordern. Eine Checkliste „Unterlagenliste für den Immobilienkauf" findest Du auch auf meiner Webseite www.education-punk.de zum kostenfreien Download.

- **Grundbuchauszug:** Das Grundbuch ist ein amtliches Verzeichnis, in dem die Eigentumsverhältnisse an Grundstücken und die auf ihnen liegenden Lasten verzeichnet werden. Üblicherweise besitzt der Verkäufer als Nachweis für seine Eigentümerschaft einen Auszug aus dem Grundbuch. Deine Aufgabe ist es, den Auszug genau zu studieren und zu überprüfen, ob der Verkäufer auch wirklich der Eigentümer der Immobilie ist und ob Rechte zu Gunsten Dritter auf dem Grundstück oder der Immobilie lasten, die für Dich nachteilig sind.

▪ Grundbuchauszug	▪ Status der Instandhaltungsrücklage
▪ (Maßstäblicher) Grundriss	▪ Eigentümerprotokolle der letzten drei Jahre
▪ Teilungserklärung	▪ Jahresabrechnung der letzten drei Jahre
▪ Wohnflächenberechnung	▪ Mietvertrag mit Übergabeprotokoll
▪ Flurkarte/Lageplan	▪ Baupläne(-Zeichnungen)/ Baugenehmigung
▪ Wirtschaftsplan	▪ Bau- und Ausstattungsbeschreibung
▪ Energieausweis	▪ Nachweis Gebäude- und Feuerversicherung
▪ Nachweis über Reparaturen	▪ Grundsteuerbescheid
	▪ Bestätigung der Hausverwaltung, dass keine Rückstände mehr seitens des Verkäufers vorliegen.

***Abb. 20:** Die Unterlagenliste für den Immobilienkauf.*

- **(Maßstäblicher) Grundriss/Wohnflächenberechnung:** Wie schon bei den Ausstattungsmerkmalen ausgeführt, ist ein guter Grundriss ein Mussmerkmal. Die Wohnflächenberechnung zeigt Dir, über wieviel Quadratmeter jeder Raum im Einzelnen und die Wohnung im Ganzen verfügt. Ich empfehle Dir, die Flächenberechnung zumindest stichprobenartig vor Ort mit einem Zollstock nachzumessen. Man weiß ja nie!

- **Teilungserklärung:** Die Teilungserklärung teilt das „Gesamt-"eigentum am Grundstück in Miteigentumsanteile auf und definiert im Einzelnen das Wohnungseigentum und das Teileigentum. Das Wohnungseigentum ist das Eigentum an einer einzelnen Wohnung. Das Eigentum an der

Wohnung wird in einem Grundbuchblatt begründet. Das Teileigentum beschreibt wiederum das Sondereigentum von Räumen, die nicht zu Wohnzwecken dienen, und wird über Miteigentumsanteile jedem Wohnungseigentum mit zugerechnet. Die Summe aller Miteigentumsanteile beschreibt dann das Eigentum am gesamten Objekt. Darüber hinaus gibt es noch Sondernutzungsrechte, die das Recht eines Eigentümers verbriefen, einen Teil des Gemeinschaftseigentums exklusiv zu nutzen. Dazu gehören zum Beispiel Garagen, Dachbodenanteile oder Stellplätze. Gemeinschaftseigentum sind das Grundstück sowie Teile, Anlagen und Einrichtungen des Gebäudes, die nicht im Sondereigentum oder im Eigentum eines Dritten stehen. Die Unterteilung in Gemeinschafts- und Sondereigentum bestimmt die Kostenverteilung des Gebäudes und sollte entsprechend vor dem Kauf geprüft werden.

- **Lageplan:** Der Lageplan ist eine maßstäbliche Darstellung eines Objektes im Zusammenhang mit seiner Umgebung, Situation und Lage. Damit gibt der Lageplan Auskunft über die relative Lage des Objektes und wird bei der Finanzierung in der Regel vom Kreditinstitut angefragt.

- **Wirtschaftsplan:** Im Wirtschaftsplan werden die voraussichtlichen Einnahmen und Ausgaben für das kommende Wirtschaftsjahr und gesondert die Zuführung zur Instandhaltungsrücklage für das Gemeinschaftseigentum aufgestellt. Der Wirtschaftsplan setzt sich aus dem Gesamtwirtschaftsplan und den Einzelwirtschaftsplänen zu jeder Eigentumswohnung zusammen. Der Wirtschaftsplan wird im Rahmen der Eigentümerversammlung verabschiedet und begründet die rechtliche Verpflichtung der Eigentümer zur Hausgeldzahlung. Das Hausgeld wiederum setzt sich aus einem auf den Mieter umlagefähigen Hausgeldanteil und einem nicht-umlagefähigen Hausgeldanteil zusammen. Nichtumlagefähig sind zum Beispiel die Grunderwerbsteuer, Verwaltungskosten (die dem Vermieter für die Verwaltung des Hauses entstehen), Kosten für die Instandhaltung und Instandsetzung, Bankgebühren des Vermieters und Portokosten für die Abrechnungen, Abschreibungen und Rücklagen. Der Restbetrag ist auf den Mieter umlagefähig und von diesem im Rahmen seiner Nebenkostenabrechnung zu leisten. Die Kostenstruktur der Hausgeldabrechnung sollte genau studiert werden, denn diese beeinflußt die Mietrendite, sowie die Höhe der Nebenkosten für den Mieter.

- **Jahresabrechnung:** Die Jahresabrechnung ist die jährliche Gegenüberstellung aller fälligen Einnahmen und Ausgaben der Eigentümergemeinschaft. Des Weiteren beinhaltet die Jahresabrechnung den Stand und die Entwicklung der Instandhaltungsrücklage. Die Jahresabrechnung beinhaltet eine Gesamtrechnung, aufgestellt nach Kostenarten, den Verteilungsschlüssel sowie die Einzelabrechnungen für die jeweiligen Wohnungen. Das Ergebnis jeder Einzelabrechnung ist entweder eine Nachzahlung oder ein Guthaben. Empfänger der Jahresabrechnung – und damit auch der Gläubiger oder Schuldner der Nachzahlung/des Guthabens – ist der Eigentümer, der zum Zeitpunkt der Beschlussfassung über die Jahresabrechnung im Grundbuch eingetragen ist.

> **Merke:** Im Fall des Kaufes einer Eigentumswohnung entscheidet der Zeitpunkt der Umschreibung des Eigentums im Grundbuch, wer Adressat und damit Schuldner/Gläubiger der Jahresabrechnung ist.

Der neue Eigentümer haftet nicht für beschlossene, aber nicht erbrachte Hausgeldzahlungen des Voreigentümers. Es können allerdings in der Gemeinschaftsordnung oder/und im Kaufvertrag Regelungen getroffen werden, die von der gesetzlichen Regelung abweichen.

- **Rückstände:** Es kann natürlich vorkommen, dass zum Zeitpunkt des Immobilienkaufs Rückstände für nicht gezahlte Hausgelder, Sonderumlagen oder Nachzahlungen aus Jahresabrechnungen bestehen. Um Diskussionen im Nachgang zu vermeiden, kann man sich vor dem Kauf eine Bestätigung von der Hausverwaltung dafür geben lassen, dass hier keine Rückstände seitens des Verkäufers vorliegen. Sollte es noch offene Positionen geben, wäre eine Lösung, diese mit in den notariellen Kaufvertrag aufzunehmen, sodass diese Beträge direkt durch die Kaufpreiszahlung an die Hausverwaltung abgegolten werden.

- **Instandhaltungsrücklage:** Die Instandhaltungsrücklage beinhaltet die Ansammlung eines angemessenen Geldbetrages, mit dem notwendige Instandsetzungen, Instandhaltungen und Modernisierungen am gemeinschaftlichen Eigentum finanziert werden. Die Instandhaltungsrücklage wird von allen Miteigentümern anteilig erbracht. Beim Verkauf einer Wohnung wird die Instandhaltungsrücklage auf den neuen Eigentümer anteilig mit übertragen. Einen Anspruch auf Auszahlung der Instandhaltungsrücklage gibt es nicht. Beim Kauf einer Wohnung solltest Du darauf achten, Dir die Höhe der Instandhaltungsrücklage mitteilen zu lassen und diese in den Notarvertrag mit aufzunehmen, denn sie reduziert anteilig die Grunderwerbsteuer. Eine hohe Instandhaltungsrücklage ist in jedem Fall für den Käufer günstig und vice versa.

- **Eigentümerversammlung-/protokoll:** Der Verwalter des Wohneigentums (zum Beispiel des Mehrfamilienhauses) ist verpflichtet, mindestens einmal im Jahr eine Eigentümerversammlung einzuberufen. Im Rahmen dieser Versammlung werden der Wirtschaftsplan, Instandhaltungs- und Instandsetzungsmaßnahmen, Themen, die die Ordnung und Verwaltung des Objektes betreffen und so weiter besprochen. Im Rahmen des Versammlungsprotokolls werden alle abgehandelten Tagesordnungspunkte sowie die Beschlüsse und die Abstimmungsergebnisse festgehalten. Eigentümerprotokolle sind für den Immobilieninvestor eine gute Informationsquelle, die Aufschluss über anstehende Investitionen und Problemstellungen geben können. Ich selbst lasse mir vor jedem Kauf die Eigentümerprotokolle der letzten drei Jahre geben, um zu prüfen, welche Überraschungen das Objekt für mich eventuell bereithält.

- **Energieausweis:** Der Energieausweis ist ein Dokument, das Aufschluss über die energetische Beschaffenheit eines Hauses geben und über Verbesserungsmöglichkeiten bezüglich der Energieeffizienz informieren soll. Dem Käufer ist auf Verlangen unverzüglich ein Energieausweis zugänglich zu machen. Ausgenommen hiervon sind kleine Gebäude und Baudenkmäler. Der Energieausweis wird für das gesamte Gebäude und nicht für die einzelne Eigentumswohnung erstellt.

- **Nachweis über Reparaturen/Modernisierungsmaßnahmen:** Wenn der Verkäufer oder Makler Reparaturen oder Modernisierungsmaßnahmen anspricht, kann ich Dir nur eine Vorgehensweise empfehlen: Lass Dir von allen Maßnahmen Rechnungskopien aushändigen. Das schützt Dich vor unsachgemäßen Schwarzarbeiten. Bestätigt Dir, dass diese Maßnahmen auch wirklich durchgeführt worden sind und wie und in welcher Qualität/

Preisniveau die Arbeiten durchgeführt worden sind. Im besten Fall bestehen bei einzelnen Arbeiten noch Garantieansprüche, die Du geltend machen kannst. In jedem Fall also eine lohnende Vorgehensweise!

- **Mietvertrag/Übergabeprotokoll:** Beim Mietvertrag geht es um eine Vereinbarung, die die Überlassung einer Wohnung zu Wohnzwecken gegen Mietzahlung für eine bestimmte Zeitdauer regelt. Da die Einführung in das Mietvertragsrecht nicht Zweck dieses Buches ist, empfehle ich Dir eine einfache und kostengünstige Alternative: Erwerbe eine Mietvertragsvorlage bei einem der renommierten Serviceprotale für Haus-, Wohnungs- und Grundeigentümer im Internet. Hier wirst Du für sehr kleines Geld fündig und kannst bei jeder Neuvermietung eine aktuelle Version erwerben, die von Profis an die aktuelle Rechtsprechung angepasst wurde. Auf meiner Internetseite www.education-punk.de findest Du einige Empfehlungen dazu. Da sich die Ertragskraft einer Wohnung aus der Kaltmiete ergibt, ist es beim Immobilienkauf wichtig, diese Ertragsgröße genau unter die Lupe zu nehmen. Ausschlaggebend sind dabei: Die Art des Mietvertrages, der „aktuelle Mietvertrag" und der „zukünftige Mietvertrag". Mit der „Art des Mietvertrages" will ich auf den Sonderfall des Pauschalmietvertrages im Gegensatz zum üblichen Standardmietvertrag hinweisen. Die Unterscheidung liegt in der Frage: Haben die Mietvertragsparteien eine Betriebskostenpauschale vereinbart oder werden die Betriebskosten der Wohnung aufwandsgenau abgerechnet. Bei der Fixierung einer Betriebskostenpauschale wird regelmäßig nicht abgerechnet: Erhöhen sich die Nebenkosten, verliert der Vermieter. Reduzieren sich die Nebenkosten, verliert der Mieter. Im Rückblick kann man aufgrund des fortlaufenden Kostenanstiegst festhalten: Der Vermieter war der Verlierer dieser pauschalen Abrechnungsmethode. Entsprechend sollte man sich den Ankauf einer Eigentumswohnung mit bestehendem Pauschalmietvertrag sehr gut überlegen.

  Der aktuelle Mietvertrag: Meistens werden Immobilien vermietet verkauft: Ich kaufe also eine Wohnung mit Mieter. Grundlegend bricht der Kauf in Deutschland nicht den Mietvertrag. Das heißt, durch den Kauf der Immobilie bleibt der Mietvertrag so bestehen, wie er ist. Es gibt kein Sonderkündigungsrecht, sondern ich trete mit allen Rechten und Pflichten in den Mietvertrag als Vermieter ein. Eine Ausnahme: Ich möchte die Wohnung selbst nutzen, was aber für Kapitalanleger nicht der Fall sein dürfte.

Entsprechend wichtig ist es als Käufer, den Mietvertrag sorgfältig zu lesen. Wesentlich beim Mietvertrag ist nicht nur die Höhe der Kaltmiete, sondern auch, wie die Verteilung der Nebenkosten im Vertrag zwischen Mieter und Vermieter geregelt sind. Die beste Regelung für den Vermieter ist diejenige, bei der alle umlagefähigen Nebenkosten auch vom Mieter getragen werden. Diese Art des Vertrages sieht vor, dass der Nutzer der Immobilie die Nutzungskosten trägt. Wichtig bei der Prüfung des Mietvertrages ist auch, ob man als Käufer den richtigen Mietvertrag in den Händen hält. Mir ist es leider schon selbst passiert, dass es zwei Mietvertragsversionen gab: Eine, die der Mieter hatte und eine andere, die ich hatte. Mein Vertrag wies dabei eine höhere Kaltmiete aus als der des Mieters. Damit wurde mir eine höhere Ertragskraft der Immobilie präsentiert und ich habe daraufhin fälschlicherweise ein höheres Kaufpreisangebot abgegeben. Ich kann Dir also nur anraten, den Mietvertrag genau zu prüfen. Lass Dir vom Verkäufer die Kontoauszüge zeigen, auf dem die Mieteingänge der letzten drei Monate ersichtlich sind. Prüfe alles nach, auch wenn Du dabei riskierst, dem Makler oder dem Verkäufer auf die Nerven zu gehen. Menschen sind im Verkaufsprozess kreativ und man sollte hier einfach alle Aussagen des Verkäufers auf Herz und Nieren prüfen und dafür sorgen, dass man am Ende nicht Opfer einer Marketingstrategie ist.

Der zukünftige Mietvertrag: Hier geht es um die Frage, ob die ausgesuchte Immobilie auch in Zukunft in der Lage sein wird, eine gute und stabile Nettokaltmiete zu erwirtschaften. Das heißt, es geht hier um Ertragserwartungen beziehungsweise um die Frage, ob man auch noch in 10 oder 20 Jahren mit den erzielbaren Mieteinnahmen die offenen Kreditverpflichtungen bezahlen kann. Du merkst: Es ist ein Thema mit Tragweite! Entsprechend verlässt man sich dabei nicht auf die Aussagen des Verkäufers oder des Makler, da Aussagen über die Zukunft meistens persönliche Einschätzungen sind. Andere Menschen sind „wertvolle" Hinweisgeber. Letztendlich solltest Du Dich aber immer selbst informieren, um nicht zum Opfer einer Falscheinschätzung eines anderen Menschen zu werden.

Grundlegend gilt: Am Besten kaufe ich dort, wo ich den Markt gut kenne und so nah wie möglich an meinem Wohnort. Wenn ich also zum Beispiel in Nürnberg wohne und mir wird eine Wohnung z.B. in Berlin – eine für mich fremde Stadt – angeboten, dann bewerte ich den Standort grundlegend mal als problematisch: Es gibt in Berlin vielleicht Straßen, in denen das erste Straßendrittel eine Luxusgegend ist, im zweiten Drittel befindet sich ein schöner Altbaubestand und im dritten Drittel wohnen Hausbesetzer. Das Problem: Wie soll ich als nicht ortskundiger Mensch die Immobilieninvestition richtig einschätzen? Antwort: Schwer oder nur mit großem Zeitaufwand. Hinzu kommt, dass ich bei jedem auftretenden Objektproblem oder bei einem Mieterwechsel weite Anfahrten auf mich nehmen muss. Das schmälert meine Rendite und kostet Zeit, die ich anderweitig besser einsetzen kann. Grundlegend gilt für mich: Umso weiter eine Investition von meinem Wohnort entfernt ist, umso schlechter kann ich diese einschätzen und überwachen und umgekehrt.

Das ist auch meine grundlegende Logik bei allen Investitionsprojekten: Je weniger ich von etwas verstehe, desto größer ist die Wahrscheinlichkeit, dass das Projekt für mich unrentabel ausgeht. Deswegen kaufe ich selber nichts, was ich nicht verstehe. Ich versuche also bei dem, was ich tue, „Experte" – also möglichst gut informiert zu sein – und mir das Wissen, das mir fehlt, anzulesen oder mich von erfolgreichen Menschen beraten zu lassen, wie diese vorgehen. Bei bestehenden Mietverträgen sollte man beim Kauf auch auf die Mietkaution zuzüglich der fixierten Verzinsung durch den Verkäufer achten. Mietverträge mit Mietkautionssicherheiten sind zu bevorzugen.

Das letzte Prüfdokument im Rahmen der Mietvertragsprüfung ist das **Übergabeprotokoll:** Bei einem Wohnungsübergabeprotokoll handelt es sich um die schriftliche Dokumentation des Ist-Zustandes eines Mietobjektes bei der Wohnungsübergabe an den Mieter. Im Protokoll können Schäden und Mängel an der Wohnung festgehalten worden sein, die schon bei der Übergabe/Einzug des Mieters bestanden haben. Entsprechend kann uns das Protokoll wertvolle Hinweise für Mängel oder Schäden liefern, die uns selbst noch nicht aufgefallen sind. Generell würde ich Dir als Vermieter immer empfehlen, ein Wohnungsübergabeprotokoll zu erstellen, um bei Auszug festgestellte Schäden, die bei Einzug noch nicht vorhanden waren, beim Mieter abzurechnen. Aufgrund der Veränderung der Renovierungspflicht des Mieters bei Auszug (Renovierungspflicht liegt nun im Schwerpunkt beim Vermieter) sollten hier penibel alle Schäden festgehalten werden, die durch den Mieter verursacht worden sind. Auch empfehle ich Dir, die Wohnungsübergabe immer bei Tageslicht durchzuführen, so dass schwer erkennbare Schäden besser ersichtlich sind.

- **Bau- und Ausstattungsbeschreibung:** Speziell bei Immobilienfinanzierungen verlangt der Finanzierer üblicherweise eine Bau- und Ausstattungsbeschreibung. Eine entsprechende Vorlage habe ich Dir zum kostenfreien Download auf meiner Internetseite hinterlegt (www.education-punk.de). Die Bau- und Ausstattungsbeschreibung beinhaltet üblicherweise: Allgemeine Objektangaben, Bauweise, Fassade, Dach und Informationen zum Ausbau wie Fenster, Fussböden, Heizung, Sanitär- und Elektroinstallationen.

- **Gebäudeversicherung:** Die Gebäudeversicherung ist eine Versicherung zum Schutz von Gebäuden, Nebengebäuden und Garagen. Grundlegend kann man Brand, Leitungsschäden und Elementarschäden versichern. Elementarschäden sind Schäden, die durch das Wirken der Natur verursacht werden, wie zum Beispiel durch Sturm, Hagel, Erdbeben und Überschwemmungen. Zur Absicherung des Darlehens verlangen Finanzinstitute oft den Nachweis einer Gebäudeversicherung. Zu diesem Zweck und zur eigenen Absicherung solltest Du vor dem Kauf um einen Nachweis bitten.

- **Grundsteuerbescheid:** Die Grundsteuer ist eine Steuer auf das Eigentum an Grundstücken und dessen Bebauung. Der Vermieter einer Immobilie kann die Grundsteuer einer Wohnimmobilie im Rahmen der Nebenkostenabrechnung auf den Mieter umlegen. Diese Steuer ist also für den Vermieter ein durchlaufender Posten. Der Steuerbescheid ist das Schriftstück, in dem die festgelegte Grundsteuer nach Zeitraum und Betrag ausgewiesen wird. Da die Grundsteuer vom Mieter zu tragen ist, spielt sie für Deine Renditeberechnung eine eher untergeordnete Rolle.

Alle Unterlagen, die Du vom Verkäufer erhältst, brauchst Du nicht mehr selbst zusammenzutragen, wenn Du eines Tages verkaufen willst. Erbitte also so viele Unterlagen wie möglich und mehr als vielleicht direkt nötig. Es erspart Dir in der Zukunft Arbeit und hilft Dir, den bestmöglichen Eindruck vom Objekt zu gewinnen. In der Regel tut das der Verkäufer gerne, da für Ihn am Ende der Verkaufspreis als „Belohnung" winkt. Meine Empfehlung an dieser Stelle: Lass den Verkäufer ruhig etwas für Dich arbeiten. Lege Dir für jedes Objekt einen eigenen Ordner an und lege die Unterlagen dort ordentlich ab. Du wirst die Unterlagen immer mal wieder brauchen. Hier zahlt sich anfängliche Ordnung aus.

6.3 Der Immobilienmakler – Freund oder Feind

In Zeiten, in denen der Immobilienmarkt boomt und sich Immobilien scheinbar wie geschnitten Brot verkaufen, fragt man sich als Käufer, warum man für ungewünschte Dienstleistungen wie das Aufsperren der Wohnungstür oder das Zusenden von Unterlagen, die der Makler vom Eigentümer – meist unvollständig erhalten hat, – auch noch Geld bezahlen muss. Viel lieber würde man als Käufer mit dem Eigentümer direkt sprechen und sich „diesen Postboten“ sparen. Der Grund dafür ist der Verkäufer, der sich die Zeit sparen will, mit Käufern zu reden, die dann doch nicht kaufen, oder mühselige Verhandlungen zu führen. Postalisch oder per E-Mail Unterlagen zu versenden oder Fragen zu beantworten, kostet ebenfalls Zeit.
Im Ergebnis bedient sich der Verkäufer eines Dienstleisters, der ihn entlasten soll und dessen Kosten er auf den Kaufpreis aufschlägt. Grundlegend hat der Immobilienmakler nur einen Job zu tun: Er soll über ein möglichst professionelles Matching Käufer und Verkäufer zusammen bringen wie in einer Partnervermittlung. Dabei versucht der Makler, sich durch Floskeln, wie ich sie in diversen Exposés schon gelesen habe, vor jeder Verantwortung für das Gesagte und Überreichte zu entziehen: “Das Exposé wurde anhand der uns überlassenen Unterlagen erstellt. Für die Richtigkeit und Vollständigkeit übernehmen wir keine Gewähr.“ Meiner Meinung nach bedarf es einer Veränderung dieser Situation. Derjenige, der die Musik bestellt, sollte diese auch bezahlen. Es wäre eine große Verbesserung, wenn die Kosten für den Dienstleister vom beauftragenden Verkäufer alleine getragen werden müssten. Selbstverständlich hätte dieser die Möglichkeit, die Kosten in den Kaufpreis mit einzurechnen, aber dieser Kaufpreis würde sich im Marktvergleich behaupten müssen und würde vom Käufer nicht unbedingt als Übel betrachtet werden. Die Anschaffungsnebenkosten, die auch aus Sicht der Bank nicht als werthaltig erachtet werden, würden sich dadurch reduzieren und damit ebenfalls eine Reduktion des Eigenkapitaleinsatzes bewirken. Selbstverständlich möchte ich hier kein negatives Wort über die Dienstleistungsqualität des Maklers oder diesen Berufsstand verlieren. Hier gibt es zuweilen wichtige Mediatoren und Verkäufer sowie erfahrene Fachkräfte, die für den Verkauf auch komplexer Objekte absolut entscheidend und nicht wegzudenken sind. Ich bin nur kein großer Fan von einem System, welches mir als Käufer nicht die Wahlmöglichkeit bietet, ob ich eine bestimmte Dienstleistung annehmen möchte oder nicht.

Grundlegend sollte jeder Käufer alle Informationen, die er von einem Immobilienmakler erhält, als das sehen, was sie sind: „Verkaufsargumente". Entsprechend sollte man als Käufer einfach sicherstellen, dass alle Informationen durch entsprechende Schriftstücke (Beweise) untermauert werden, um hier keinem übermotivierten Verkäufer auf den Leim zu gehen.

6.4 Die Suche nach dem richtigen Objekt

Dieses Kapitel beschäftigt sich mit Suchstrategien und soll Dir helfen, die Cashflow Deals zu finden, die für Deinen erfolgreichen Vermögensaufbau erforderlich sind. Da wir in Deutschland aktuell einen Nachfragermarkt nach guten Immobilienobjekten haben, es also viel Suchkonkurrenz gibt, ist die Suche zeitaufwendiger geworden. Erfahrungsgemäß muss man bis zu 100 Objekte bewerten, um das Richtige zu finden. Das war vor einigen Jahren noch anders.

Das Verhältnis zwischen Nachfrage und Angebot verändert sich im Zeitablauf und kennt viele Phasen. Mal entwickelt sich der Markt seitwärts, mal ist das Angebot groß und die Nachfrage klein und und mal ist es umgekehrt. Das ist aber nicht schlimm, sondern dient Dir nur als Indikator für Deinen zu erwartenden Suchaufwand. Mal dauert die Immobiliensuche wenige Wochen und mal dauert es eben ein Jahr. Im Regelfall ist man ja auch nicht in der Lage, alle drei Monate ein neues Objekt zu erwerben. Entsprechend reicht es aus, wenn man ein- bis zweimal pro Jahr eine geeignete Immobilie findet. Ich empfehle Dir das Ganze wie ein Hobby zu betrachten und Dir mit Neugierde und Lust am Vermögensaufbau so viele Objekte wie möglich anzuschauen. Bei jeder Besichtigung wirst Du etwas Neues lernen und genau das sollte Dein Dauerziel sein: Etwas Neues lernen und besser werden. Letztendlich wird Dein Erfolg immer durch Dein Wissen bestimmt. Makler und Verkäufer sind oft gute Lehrmeister, im positiven wie im negativen Sinne.
Am komfortabelsten findest Du Objektangebote, indem Du in den einschlägigen Immobilienportalen kostenlose Suchaufträge einstellst, die Dich dann automatisch per E-Mail über die Ergebnisse informieren. So sparst Du Dir die zeitaufwendige Suche in Portalen und wirst bequem über die neusten Objekteinstellungen in Deiner Suchkategorie informiert. Auf meiner Serviceseite www.education-punk.de habe ich einige Immobilienportale eingestellt, die Dich dabei unterstützen können, Dein Anlageobjekt zu finden.

Eine gute Suchstrategie ist es ebenfalls, sich eine Visitenkarte mit dem Hinweis „Immobilienankauf“ erstellen zu lassen. Diese kann man bei Besichtigungen mit Verkäufern, Makler und Freunden ausstreuen und sich damit langfristig ein Netzwerk von Zubringern und Tippgebern aufbauen. Das dauert zwar seine Zeit, aber es ist ja auch nicht so, dass Du jeden Tag ein Objekt kaufen könntest. In Zeiten, in denen ich keine geeigneten Objekte finde, baue ich meine Eigenkapitalbasis aus, verbessere meinen Verschuldungsgrad durch Sondertilgungen oder genieße einfach das schöne Leben. Es gibt immer wieder Gelegenheiten. Man muss nur geduldig sein. Vermögen wandert in der Regel von den Ungeduldigen zu den Geduldigen.

Zwangsversteigerungen bieten ebenfalls die Möglichkeit, einen guten Deal zu machen. Leider sind die Versteigerungstermine heute oft überlaufen, so dass die Objektrenditen durch die Ersteigerungswut der Ungeduldigen aufgefressen werden. Oft werden Preise gezahlt, die nicht auf dem freien Markt zu erzielen wären, da sich der Eine oder Andere durch die Wettbewerbsatmosphäre einer Versteigerung zu hohen Geboten hinreißen lässt. Ich selbst habe bei Zwangsversteigerungen bisher wenig Erfolg gehabt. Darüber hinaus ist es selten möglich, das Objekt von Innen zu besichtigen. Man kauft die Immobilie auf Basis eines Exposés. Ich selbst kaufe ungern die Katze im Sack. Als eine ganz gute Strategie hat es sich erwiesen, den Mieter/Noch-Eigentümer der Eigentumswohnung einfach zu besuchen und zu fragen, ob man gegen ein Eintrittsgeld von 50,00 oder 100,00 Euro die Wohnung besichtigen kann. Das hilft beiden Seiten. Ein anderes Problem bei Zwangsversteigerungen ist die Bankfinanzierung: Vor jedem Versteigerungstermin legt man der Bank das Exposé vor, die Bank prüft das Objekt, erteilt eine Zusage oder auch nicht, aber man bekommt den Zuschlag zum anvisierten Preis nicht. Wenn ich eine gute Beziehung zu meiner Bank habe, macht mein Bankberater das Spiel ein paar Mal mit, aber dann wird die Bank in der Regel intervenieren. Der Prüfaufwand kostet die Bank Geld. Zwangsversteigerungen sind besonders geeignet für Personen, die in der Lage sind, das Objekt komplett aus Eigenmitteln vorzufinanzieren.

Bei Bauträgern nach guten Renditeobjekten zu suchen, kann man sich erfahrungsgemäß sparen. Diese Fachleute kennen den Immobilienmarkt oft so gut, dass hier der Einkaufspreis auf das am Markt maximal Mögliche fixiert wird. Entsprechend bleibt für den Kapitalanleger kein positiver Cashflow übrig. Auch werden in der Kalkulation sehr hohe Mieterträge, Wertzuwächse und Steuervorteile eingerechnet und jedes Register gezogen, um dem Objekt eine attraktive Rendite zu entlocken. Oft liegt die Mietkalkulation bis zu 40 Prozent über dem regionalen Mietspiegel. Auch wird die Renditeberechnung gerne ohne Anschaffungsnebenkosten, Instandhaltungs- und Reparaturkosten und ohne Berücksichtigung der nicht-umlagefähigen Kosten vorgenommen. Meine Erfahrung ist, dass man sich Gespräche mit Bauträgern getrost sparen kann. Es sei denn, der Bauträger hat finanzielle Probleme und muss schnell verkaufen.

7 Die Immobilienfinanzierung

Die Immobilienfinanzierung bedeutet für die meisten Käufer, Kontakt zu Banken, Kreditvermittlern, Bausparkassen oder Versicherungen aufzunehmen und verursacht in der Regel ein Unbehagen, weil man sich hier auf fremdem Terrain bewegen muss, auf dem man sich wenig gebildet fühlt. Das Beste, was man auf fremdem Boden machen kann, ist es, sich in Ruhe Überblick zu verschaffen und nicht gleich beim erstbesten Gesprächspartner eine Finanzierung zu unterschreiben. Auch hier gilt die goldene Regel für fehlenden Marktüberblick: Immer mindestens drei Angebote einholen. Die Immobilienfinanzierung beschreibt dabei, wie der Immobilienkäufer die Anschaffungskosten, die mit dem Erwerb der Immobilie anfallen, finanziert. Um sich aber für den bestmöglichen Finanzierungsmix entscheiden zu können, muss der Käufer im ersten Schritt den exakten Finanzierungsbedarf ermitteln beziehungsweise verstehen, welche Kosten überhaupt beim Kauf einer Immobilie anfallen können. Zu den Anschaffungskosten gehört im Wesentlichen der Kaufpreis der Immobilie zuzüglich der Anschaffungsnebenkosten, die sich in der Regel aus den folgenden Komponenten zusammensetzen:

- **Kosten des Immobilienmaklers:** Diese Kosten fallen natürlich nur dann an, wenn der Verkäufer einen Immobilienmakler mit dem Verkauf der Immobilie beauftragt hat oder wenn Du Dir von einem Immobilienmakler bei der Suche helfen lässt (siehe Kapitel „7.3 Der Immobilienmakler – Freund oder Feind“). Die Vergütung eines deutschen Immobilienmaklers liegt in der Regel in einem Courtage-Korridor zwischen 0 und 6 Prozent vom Verkaufspreis zuzüglich der aktuell gültigen Mehrwertsteuer. Dabei wird zwischen Innen- und Außenprovision unterschieden. Innenprovision ist das, was der Verkäufer vom Immobilienmakler in Rechnung gestellt bekommt und Außenprovision ist das, was Dir der Immobilienmakler direkt in Rechnung stellt. In Summe aber nicht mehr als 6 Prozent netto. Üblich ist eine Verteilung von 3 Prozent Innen- und 3 Prozent Außenprovision. In manchen Fällen wird auch zwischen Verkäufer und Immobilienmakler eine Mehrerlösvereinbarung fixiert. Dabei gibt der Verkäufer einen Zielpreis an. Erzielt der Immobilienmakler am Markt einen höheren Verkaufspreis als den Zielpreis, dann gehört der Mehrerlös dem Immobilienmakler. Dieser Fall ist aber eher die Ausnahme; die Regel ist eine Provisionsvereinbarung. Heute wird der

Großteil der Immobilien über Makler angeboten, da es für den Verkäufer komfortabel ist und „nichts" kostet. Der Verkäufer wartet, bis der Makler ihm die vorqualifizierten Kaufwilligen präsentiert und sucht sich dann den Wunschkandidaten heraus.

- **Grunderwerbsteuer:** Dieser Steuersatz richtet sich nach dem im jeweiligen Bundesland festgelegten Steuersatz und beträgt aktuell zwischen 3,5 und 6,5 Prozent des Kaufpreises für das Grundstück. Zu den Bestandteilen eines Grundstücks zählen neben dem Grund und Boden auch die mit dem Grund und Boden fest verbundenen Gegenstände.

  Bei der Berechnung der Grundsteuer müssen **nicht** berücksichtigt werden: Bewegliche Sachen, die nicht fester Bestandteil des Grundstücks sind, wie zum Beispiel das Inventar (miterworbene Einbauküche und sonstige Möbel) und aus dem Wohngeld gebildete Rücklagen, die auf den Kaufgegenstand entfallen.

  Entsprechend ist es wichtig, diese Sachen im Kaufvertrag detailliert aufzuführen, damit diese Gegenstände/Rücklagen bei der Berechnung der Grunderwerbsteuer mit in Abzug gebracht werden können. Werden diese nicht separat aufgeführt, erfolgt erfahrungsgemäß auch kein Abzug, denn woher sollte die Finanzbehörde wissen, dass sich eine Einbauküche in Deiner neuen Wohnung befindet und welchen Wert diese Einbauküche hat. Entsprechend ist hier eine sorgfältige Vorgehensweise bares Geld wert. Ein weiterer Vorteil, der in einer detaillierten Aufschlüsselung (Preis und Gegenstand) liegt, ist, dass diese in der Regel auch eine kürzere Abschreibungsdauer haben als der Gebäudeanteil und so hast Du durch eine kürzere Abschreibungsdauer weitere steuerliche Vorteile, auf die man nicht sorglos verzichten sollte.

- **Notarkosten:** Jeder Immobilienkauf in Deutschland muss notariell beurkundet werden. Entsprechend ist also der Besuch beim Notar unumgänglich. Die Aufgabe des Notars ist die Beurkundung von Rechtsgeschäften und dabei ist der Notar zur Unabhängigkeit und Unparteilichkeit verpflichtet, was ihn besonders für ungeübte Immobilienkäufer zu einer wichtigen Informationsquelle macht. Tu Dir also einen Gefallen und lass Dir alle Textpassagen, die Du nicht verstehst, in Ruhe vom Notar erklären. Du kannst Dir sicher sein, dass Du hier eine faire und neutrale Auskunft bekommst. Wenn Du allerdings nicht fragst, dann macht der Notar seiner lateinischen Übersetzung als „Geschwindredner" größte Ehre und wird mit Vollgas den Vertrag abreißen. Denn auch hier gilt das Motto: Zeit ist Geld. Oft habe ich es bei Notarterminen erlebt, dass sich keiner traut nachzufragen, um bloß keinen „dummen" Eindruck zu hinterlassen und wenn sich dann endlich mal einer getraut hat, offenbarte sich der Rest der Runde auch als Nichtwissende. Bei meinem ersten notariellen Kaufvertrag habe ich selbst auch nicht viel verstanden und habe den Notar – glaube ich – ziemlich genervt. Aber ich hinterlasse lieber einen unwissenden Eindruck, als dann am Ende der Dumme zu sein. Falsche Scham ist hier also nicht hilfreich. Lass Dir den Kaufvertrag also komplett erklären und Textbausteine, die Dir unverständlich sind, erläutern. Die Leistungen des Notars verdichten sich aktuell zu Kosten in Höhe von rund 1,6 Prozent vom Kaufpreis. Der Zinssatz kann variieren. Der beste Weg, die Kosten exakt zu erfahren, ist ein kurzer Anruf beim Notar Deiner Wahl.

Im Ergebnis setzen sich also die Anschaffungskosten einer Immobilie wie folgt zusammen:

Kaufpreis der Immobilie:	**100.000,00 €**
Maklerprovision (3 % zzgl. MwSt.):	3.570,00 €
Grunderwerbsteuer Bayern (3,5 %): /Küche: 3.000,00 € /Instandhaltungsrücklage: 2.500,00 € (100.000,00 € - 3.000,00 € - 2.500,00 € = 94.500,00 €)	3.307,50 €
Notarkosten (1,6 %):	1.600,00 €
Anschaffungskosten:	**108.477,50 €**

Abb. 21: *Die Berechnung der Anschaffungskosten.*

Damit belaufen sich bei dieser Musterimmobilie die Anschaffungsnebenkosten auf rund 8,50 Prozent vom Kaufpreis. Ohne den Einsatz eines Immobilienmaklers und ohne Abzug von Inventar und Instandhaltungsrücklage wäre als Unterwert 5,10 Prozent für die Anschaffungsnebenkosten möglich. In einem Bundesland mit hoher Grunderwerbsteuer (6,50 Prozent) und mit maximaler Makler-Außenprovision (7,14 Prozent) kommt man dann schon auf Anschaffungsnebenkosten in Höhe von 15,24 Prozent.

Merke: Anschaffungsnebenkosten liegen zwischen 5,10 Prozent bis 15,24 Prozent vom Kaufpreis

Entsprechend haben die Anschaffungsnebenkosten einen erheblichen Einfluss auf die Objektrendite und sollten bei der Renditeberechnung nicht vergessen werden! Nach meinen persönlichen Erfahrungen werden bei Immobilienangeboten für Kapitalanleger, die eine Renditekennzahl mit ausweisen, die Nebenkosten systematisch vergessen. Rechne also immer selbst und vertraue nicht auf Darstellungen von Verkäufern. Bevor wir nun zu den verschiedenen Finanzierungskonzepten kommen, lernen wir unseren Finanzierungspartner und dessen Denkweise besser kennen. Ziel ist es, für das Finanzierungsgespräch mit dem Kreditinstitut eine optimale Vorbereitung zu erreichen. Ganz nach dem Motto: Gute Vorbereitung ist der halbe Weg zum Erfolg!

7.1 Die Perspektive der „Bank" als Geldgeber

„Gehe hundert Schritte in den Schuhen eines anderen, wenn Du ihn verstehen willst.", rät ein indianisches Sprichwort.

Also schlüpfe in die Schuhe Deines Bankers. Jetzt bitte nicht an Lack- oder handgefertigte Lederschuhe denken. Es geht darum, die Perspektive zu wechseln. Das Ziel ist es, zu verstehen, warum der eine von der Bank Geld bekommt und der andere nicht. Denn nur, wenn ich den Unterschied klar erkenne, bin ich in der Lage, mich entsprechend vorzubereiten und meinem Banker genau das zu geben, was er braucht, um mich und meine Immobilie als kreditwürdig einzustufen. Es geht also darum, sich in die Lage des Gesprächspartners zu versetzen. Das

Ziel ist es, ihn und seine Denkweise zu verstehen und sich dann genau so zu verhalten, dass der Gesprächspartner mich und mein Immobilienprojekt in die Schublade steckt, in die ich gesteckt werden will.
Meine Erfahrungen sind hier recht eindeutig: Grundlegend ist eine Bank als privatwirtschaftliches Unternehmen daran interessiert, Geld zu verleihen. Dennoch macht Geldverleihen nur dann Sinn, wenn man sein Geld auch zurückbekommt. Das bedeutet: Geld verleihen heißt vertrauen.
Du musst Dir also die Frage stellen, wann Deine Bank Dich für vertrauenswürdig hält und wann nicht. Um Dir vertrauen zu können, braucht die Bank in jedem Fall eine Vertrauensgrundlage. Diese Vertrauensgrundlage bildet sich aus Deinem „finanziellen Zeugnis" und der Bewertung Deiner Immobilie.

Fakt ist, dass ich in einem Bankgespräch noch nie nach meinem Schulzeugnis gefragt worden bin. Ich hatte auch nicht den Eindruck, dass meinen Banker die Noten aus meiner Schulzeit oder der Hochschule besonders interessiert hätten. Aber was die Bank interessiert, ist mein „finanzielles Zeugnis", das bei jeder Kreditanfrage sorgfältig geprüft wird. Und mit einem schlechten „finanziellen Zeugnis" habe ich genauso wenig Chance auf ein zinsattratiktes Darlehen, wie ein Sechserschüler auf seinen Traumjob. Das Problem ist nur, dass viele Menschen ihr „finanzielles Zeugnis" gar nicht kennen oder überhaupt wissen, dass es so etwas wie ein „finanzielles Zeugnis" gibt. Entsprechend werden auch keine Bemühungen unternommen, gute Noten zu erzielen, obwohl sich gute Noten besonders hier auszahlen würden. Es ist also wichtig, sich um ein gutes „finanzielles Zeugnis" zu bemühen, bevor man bei der Bank ein Immobiliendarlehen anfragt. Ein gutes Zeugnis ist aber nicht nur für die Beantragung eines zinsgünstigen Immobiliendarlehens nützlich, sondern kann auch Deinen Umgang und Deine Einstellung zum Thema Geld positiv beeinflussen. Das „finanzielle Zeugnis", das auch als persönliche Bonität bezeichnet werden kann, setzt sich aus verschiedenen Teilen zusammen, die im Folgenden kurz dargestellt werden:

- **Schufascore:** Die Schufa Holding AG (www.meineschufa.de) ist eine Art „Datensammler", dessen Zweck es ist, Informationen über Wirtschaftssubjekte zu sammeln, um diese zu verdichten und an Ihre Eigentümer und/oder an Dritte zu verkaufen. Mit einem Aktienanteil von über 80 Prozent könnte man wohl behaupten, dass die Schufa Eigentum von Banken und Sparkassen ist. Sie ist also primär ein Subdienstleister für Finanzinstitute und hat von diesen den Auftrag, die Kreditwürdigkeit von Wirtschaftssubjekten zu ermitteln.

Es werden also Daten über Dich gesammelt und zu einem Kreditscore verdichtet. Dieser Scorewert ist ein Zahlenwert zwischen 100 und 1 Prozent und wird zur Risikoklassifizierung genutzt. 100 Prozent ist dabei der beste Wert. In der Regel werden neben Deinen Kontaktdaten auch jede Form von Kredit- und Leasingverträgen, Kontoeröffnungen, Kreditkarten, Telekommunikationsverträgen, Kundenkontos im Bereich des Handels/Versandhandels, abweichendes Zahlungsverhalten, Abgabe von Eidesstattlichen Versicherungen, Haftbefehl zur Abgabe von Eidesstattlichen Versicherungen, Eröffnungen von privaten Insolvenzverfahren, Lohnpfändungen, Kreditkarten in Abwicklungen, Zwangsvollstreckungen und Kreditanfragen aufgezeichnet. Negative Schufaeinträge führen dabei meistens zur Kreditabsage. Ein negativer Eintrag könnte zum Beispiel eine nicht bezahlte Telekommunikationsrechnung sein. Bei der Feststellung auch nur eines negativen Schufamerkmals in seinem EDV-System hat der Banksachbearbeiter teilweise keine Möglichkeit mehr, die Kreditanfrage überhaupt einzustellen. Also endet das Kreditgespräch oft mit dem negativen Schufaeintrag.

Die Gretchenfrage ist: Was kannst Du tun, um Dein finanzielles Zeugnis zu verbessern? Die wenigsten wissen, dass man ein Recht auf Selbstauskunft hat. Das heißt, einmal im Jahr kann ich mein Recht geltend machen und mich informieren lassen, welche personenbezogenen Daten (beispielweise von der Schufa) über mich gespeichert wurden. Sollten dort falsche Daten über mich gespeichert worden sein, kann ich die Löschung dieser Daten beantragen und damit schon Negativmerkmale beseitigen. Wenn sich in Deiner Schufaauskunft Informationen darüber befinden, dass Du nicht mit Geld umgehen kannst und Dein Leben auf Pump aufgebaut hast, dann ist das ein guter Startpunkt, um Dein Leben zu verändern und damit Deinen Schufascore zu verbessern. Jede kleine Verbesserung kann im günstigsten Fall zu einem besseren Zinssatz führen. Konsumentenkredite sollte ich unbedingt vermeiden, da diese ganz klar zeigen, dass ich nicht in der Lage bin, mit Disziplin meine Ziele zu verfolgen. Bestimmte Notfallsituationen sind natürlich davon ausgenommen. Aber im Grunde zeigt die Inanspruchnahme von Konsumentenkrediten auch in Notfallsituationen, dass ich vorher nicht entsprechend vorgesorgt habe; denn „Notfälle" gibt es im Leben immer. Die zusätzlichen Zinszahlungen und monatlichen Tilgungen reduzieren auch den zukünftigen finanziellen Spielraum. Oft werden hier durch Restschuldversicherungen und ähnliche Kreditbegleiter,

Effektivverzinsungen erreicht, die schnell dazu führen, dass ich am Ende 20 bis 30 Prozent mehr für meinen Flachbildfernseher zahlen muss, als wenn ich einfach noch ein bisschen gewartet und gespart hätte. Damit wird das angebliche Schnäppchen oft zu einem schlechten Deal. Natürlich kann ich es gut nachvollziehen, dass man schnell Opfer des Marketings wird. Leider ist es mit vielen Dingen so: Die kurzfristige Verführung steht im direkten Konflikt mit der langfristigen Erfüllung. Meiner Meinung nach ist es wesentlich angenehmer, erst freiwillig zu sparen und dann zu konsumieren, als erst zu konsumieren und dann „zwangssparen" zu müssen. Ich denke, Du hast die Botschaft verstanden.

- **Kontoführung:** Neben der Einwilligung zur Schufaauskunft geben wir der Bank – wenn es nicht schon die Hausbank ist – unsere Zustimmung, dass bei unserer Hausbank eine Bankauskunft eingeholt werden darf. Diese Bankauskunft beinhaltet Informationen über unsere wirtschaftlichen Verhältnisse, unser Zahlungsverhalten und unser Geschäftsgebaren. Meiner persönlichen Erfahrung nach gibt es da bestimmte Verhaltensweisen, die Banken nicht besonders positiv beurteilen und die man vermeiden sollte. Drei dieser Übeltäter habe ich mal herausgegriffen:

  01: U-Boot-Kontoführung: Der erste Übeltäter erklärt sich am besten durch den Begriff des U-Boot-Kontoführers. Das sind Personen, die jeden Monat bei Geldeingang über die Nulllinie hinweg kurz in den Habenbereich des Girokontos auftauchen, um dann sofort wieder bis zum nächsten Monat in die Tiefen des Dispositionsrahmens abzutauchen. Dispositionskredite sind in der Regel die teuersten Kredite, die bei einer Bank oder Sparkasse erhältlich sind und führen bei entsprechend langen Tauchgängen schnell dazu, dass ein größerer Teil des Gehalts als Zinskosten vaporisiert. Wenn diese Tauchgänge zu lang werden und ein bestimmtes Zeitfenster überschreiten, kann es sogar passieren, dass Deine Bank nachfragt, ob Du mit deinem U-Boot auf Grund gelaufen bist. U-Boot-Kapitäne erhalten keine guten Noten. Besser bewertet werden in der Regel „Überflüge mit gelegentlichen Wasserlandungen". Hier meine Empfehlung: Finger weg von langen Tauchgängen. Kann ich mir das Tauchen nicht abgewöhnen, wäre sogar die Umstellung auf ein reines Guthabenkonto oder eine Reduzierung des Dispositionsrahmens empfehlenswert, damit mein U-Boot quasi gar nicht erst die Möglichkeit zum Abtauchen hat.

02: Überziehung des Überziehungsrahmens: Die Überziehung des eingeräumten Dispositionsrahmens führt nicht nur zu höheren Dispositionszinsen, sondern wird in der Regel mit einem besonderen Tadel im Zeugnis belohnt, der besagt, dass der Kontoführer den eingeräumten Dispositionsrahmen regelmäßig überzieht. Klartext: Der Kontoführer kann nicht mit seinem Geld haushalten. Das sollte auf jeden Fall vermieden werden.

03: Rücklastschrift mangels Deckung: Es bringt ebenfalls keine guten Noten, wenn ich Dritten erlaube, per Lastschrift Beträge von meinem Konto einzuziehen, ohne auf die Deckung zu achten. Dadurch kann es passieren, dass Beträge mangels Kontodeckung nicht eingezogen werden können. Das macht der Bank Extraarbeit und kostet Extragebühren. Das Problem besteht vielmehr darin, dass Du mit diesem Verhalten zeigst, dass Du keinen Überblick über Deine Finanzen hast. Und das gibt schlechte Noten. Mir gab man mal zur Auskunft – ich bin aber sicher, dass das jedes Finanzinstitut anders handhabt -, dass man ab drei Rücklastschriften pro Jahr keinen Kredit mehr von der Hausbank bekommt. Man sollte also darauf achten, dass man keine Rücklastschriften erzeugt, wenn man ein gutes Zeugnis haben will.

- **Einkommenssituation:** Die eigene Einkommenssituation spielt natürlich auch eine Rolle bei der Immobilienfinanzierung. Entsprechend muss der Immobilienkäufer bei der Bankfinanzierung eine Selbstauskunft abgeben. Diese Selbstauskunft besteht aus verschiedenen Abschnitten. Der Abschnitt „Einkommen-/Ausgabesituation“ stellt den Einkommensströmen (zum Beispiel Einkommen aus unselbständiger Tätigkeit, Einkommen aus Vermietung und Verpachtung, Einkommen aus selbständiger Tätigkeit,...) die gesamten privaten Ausgaben gegenüber. Wenn Du Interesse an einem guten Zeugnis hast, solltest Du darauf achten, dass Deine monatlichen Einnahmen höher sind als Deine monatlichen Ausgaben. Konsumentenkredite, Versicherungen, Autofinanzierungen, teure Mietwohnungen und Abonnements jeder Art sorgen ganz schnell dafür, dass das Einkommen aufgezehrt wird. Je größer die Einnahmenüberdeckung ist, desto besser ist die Zeugnisnote und desto höher die Wahrscheinlichkeit, dass Du den gewünschten Kredit erhältst. Das Thema Sicherheit ist für den Darlehensgeber wichtig: Mit einem monatlichen finanziellen Überhang kann der Kunde eventuell auftretende Sonderzahlungen, Reparaturen oder auch mal einen kurzfristigen Leerstand überbrücken. Es ist also wichtig, dass Du Deine Einnahmen und Ausgaben regelmäßig gegenüber stellst und darauf achtest, dass Dein monatlicher Einnahmenüberhang positiv ist. Auf meiner Internetseite: www.education-punk.de kannst Du kostenlos eine Muster-Excelvorlage herrunterladen, um Deine Einnahmen und Ausgaben im Griff zu behalten.

Ein weiterer Teil der Selbstauskunft ist die Vermögensbilanz. Die Vermögensbilanz stellt eine Auflistung und Gegenüberstellung Deiner Vermögenspositionen und Verbindlichkeiten dar. Auch hier gilt die einfache Regel: Verbindlichkeiten sind eher als nachteilig und Vermögenspositionen als vorteilhaft anzusehen. Wobei Darlehen, deren Zweck der Aufbau von Vermögenspositionen ist, kein Zeichen dafür sind, dass Du über Deine Verhältnisse lebst. Ein bestehendes großes Vermögen ist keine Voraussetzung für eine Immobilienfinanzierung. In Deutschland fordert die Bank erfahrungsgemäß eine Sicherheitenstellung bzw. einen Eigenkapitalanteil von 20 Prozent des Kaufpreises zuzüglich der Deckung der Kaufnebenkosten. Je besser Dein finanzielles Zeugnis ist, desto eher ist die Bank auch mal bereit, auf Eigenkapital zu verzichten. Auf der Internetseite www.education-punk.de kannst Du kostenlos eine Muster-Excelvorlage zum Thema Vermögensbilanz herunterladen. Ich empfehle Dir, Deine Vermögensbilanz im Vorfeld zu prüfen. Wenn Du Verbesserungspotential identifizierst, kannst Du entsprechend vorbeugen, um Dich bei der Bank in ein gutes Licht zu rücken. Auch hier gilt die Regel: Erfolg haben in der Regel die Menschen, die gut vorbereitet sind. Also prüfe Dein finanzielles Zeugnis und sorge für gute Noten. Damit wird Dein Besuch bei der Bank zum Erfolgserlebnis.

Wie jeder Schüler weiß, ist ein Zeugnis nur dann richtig gut, wenn es keine negativen Ausreißer gibt und der Notendurchschnitt stimmt. Grundlegend gilt: Je besser das Zeugnis, desto erfreulicher der Gang zur Bank. Das Schöne am finanziellen Zeugnis ist, dass sich jeder durch ein bisschen Disziplin ein 1-A-Zeugnis erarbeiten kann.

7.2 Finanzierungsmodelle im Überblick

Dieses Kapitel beschäftigt sich mit der Frage: „Wie kann man den Vermögensaufbau mit Immobilien bestmöglich finanzieren?“ Die Beantwortung dieser Frage bereitet nicht nur ungeübten Investoren Kopfzerbrechen, sondern stellt auch immer wieder „professionelle“ Immobilieninvestoren vor eine Herausforderung. Denn die Investition in eine Immobilie und dessen Finanzierung bilden eine Einheit, die sich zu einem sinnvollen Ganzen fügen sollte. Was ist also eine sinnvolle Finanzierung? Für mich ist das eine Finanzierung, die

- von Anfang an einen positiven Cashflow erzeugt,
- die dabei hilft, Vermögen aufzubauen,
- die gute Renditen erzeugt,
- die wenig Eigenkapitaleinsatz erfordert und
- die sicher und strukturiert abläuft.

Dem Eigenkapitaleinsatz entsprechend, spricht man von einer Voll- oder einer Teilfinanzierung. Wenn man die Anschaffungskosten zu 100 Prozent über ein Darlehen finanziert, spricht man von Vollfinanzierung. Sobald man eigenes Geld mit einbringt, also Eigenkapital einsetzt, spricht man von einer Teilfinanzierung. Der Eigenkapitaleinsatz lässt sich in Bar erbringen oder auch durch Sekundärsicherheiten, die dann einfach den Eigenanteil ersetzen. Als Sekundärsicherheiten lassen sich zum Beispiel eine Lebensversicherung oder eine schon teil-/vollbezahlte Wohnung einsetzen. Am Beispiel unserer Musterimmobilie würden die verschiedenen Finanzierungsarten wie folgt aussehen:

Anschaffungskosten: 92.000,00 €			
	Fremdkapital	Eigenkapital	Sekundärsicherheiten
Vollfinanzierung	92.000,00 €	0,00 €	Keine
Teilfinanzierung	75.000,00 €	17.000,00 €	Keine
Vollfinanzierung mit Sicherheiten	92.000,00 €	0,00 €	Andere Wohnung oder Lebensversicherung

Abb. 22: *Immobilien-Finanzierungsarten.*

Wie Du bereits gelernt hast, ist eine Vollfinanzierung mit einem erhöhten Risiko für den Darlehensnehmer sowie für den Darlehensgeber verbunden. Entsprechend ist es schwierig, eine Bank zu einer Vollfinanzierung zu bewegen. Ausnahmen sind erfahrungsgemäß nur möglich, wenn das finanzielle Zeugnis des Darlehensnehmers überdurchschnittlich gut ist und/oder wenn Sekundärsicherheiten angeboten werden können. Der generelle Nachteil einer Vollfinanzierung ist, dass sich der Cashflow durch die höhere monatliche Darlehensrate reduziert. Damit verbunden steigt das Risiko, dass das Darlehen im Fall von Liquiditätsengpässen nicht mehr zuverlässig bedient werden kann. Meine Maxime ist: *Safety first.* Entsprechend gehen wir bei unserer Musterimmobilie davon aus, dass wir Eigenkapital mit einbringen und die Immobilie teilfinanzieren.

Jetzt stellt sich die Frage, mit welchen Finanzierungstypen man am besten das benötigte Fremdkapital finanziert. Hierbei sind primär zwei Finanzierungstypen üblich, die im Folgenden kurz dargestellt werden. Auf die Darstellung des Tilgungsdarlehens wird bewusst verzichtet, da es in der Praxis von vielen Versicherungen und Bausparkassen nicht angeboten wird. Ebenfalls vernachlässigen wir hier die Möglichkeit von Fremdwährungsdarlehen oder Euribor-Finanzierungen, da diese Finanzierungstypen neben einigen Vorteilen auch Risiken bergen.

- **Finanzierungstyp 01:** Endfälliges (tilgungsfreies) Darlehen, unterlegt mit einem Finanzvertrag (Tilgungsersatz). Ein Endfälliges Darlehen ist ein Darlehen, bei dem der Darlehensbetrag erst am Ende der Laufzeit fällig wird (vollständige Tilgung am Ende). Während der Laufzeit sind nur die Zinsen zu bedienen (konstante Zinszahlungen). Bei einer festen Zinsbindung besteht der Schuldendienst also aus gleichbleibend hohen Zinszahlungen, wie Grafik 23 auf der folgenden Seite dokumentiert.

Als Tilgungsersatz kommt üblicherweise die Abtretung und Besparung von Bausparverträgen, Kapitallebensversicherungen oder Investmentfonds in Betracht. Diese werden fristenkongruent mit dem endfälligen Darlehen kombiniert, sodass zum Zeitpunkt der Darlehensfälligkeit das Darlehen mit dem Tilgungsersatz getilgt werden kann. Wenn im Tilgungsersatz nicht ausreichend Tilgungssubstanz angespart wurde, wird der Restbetrag wieder neu finanziert und das Spiel beginnt von vorne, bis das Darlehen vollständig getilgt ist. In der

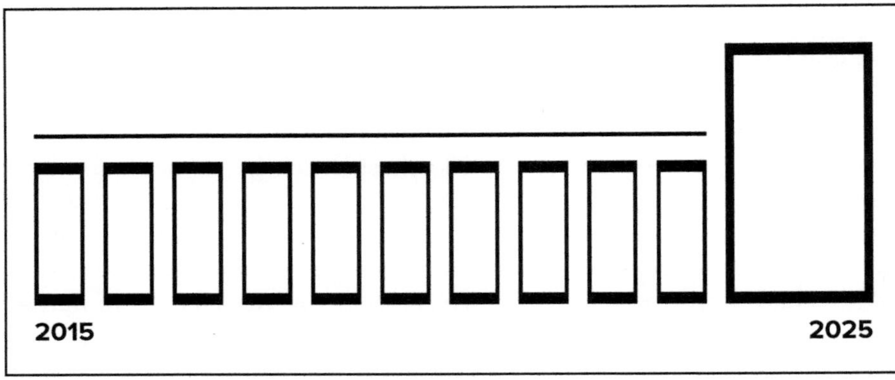

***Abb. 23:** Grafische Darstellung eines Endfälligen Darlehens.*

Vergangenheit haben diese Formen des Tilgungsersatzes viel Kritik einstecken müssen. Bei den Lebensversicherungen und Fondssparplänen wurden regelmäßig niedrigere Effektivrenditen im Vergleich zum Finanzierungszins des endfälligen Darlehens erwirtschaftet, wodurch der Darlehensnehmer oft viel schlechter gestellt wurde, als bei einem einfachen Annuitätendarlehen. Die Probleme beim Bausparen wiederum sind die hohe Abschlussgebühr und die Verzinsung in der Ansparphase, die oft niedrig ausfällt, sodass man hier unter dem Strich schnell drauflegt. Auch ist der Zeitpunkt der Zuteilung des Bauspardarlehens nicht zuverlässig, sodass es passieren kann, dass man teuer zwischenfinanzieren muss. Ich weiß lieber jeden Monat genau, was ich noch zu zahlen habe, als mich nach 10 Jahren vom Ergebnis überraschen zu lassen. Überraschungen stellen ein Defizit an Kontrolle dar und ein Mangel an Kontrolle bedeutet erhöhtes Risiko. Entsprechend bin ich kein großer Fan von Endfälligen Darlehen mit einem Tilgungsersatz.

- **Finanzierungstyp 02:** Annuitätendarlehen: Bei einem Annuitätendarlehen bleibt die Höhe der zu zahlenden Monatsrate über die gesamte vereinbarte Laufzeit hinweg konstant. Der Zinssatz wird dabei für den entsprechenden Zeitraum festgeschrieben. Die monatliche Rate, auch als Annuität bezeichnet, setzt sich aus Tilgung und Zins zusammen. Da sich durch die Restschuld die monatliche Tilgung kontinuierlich verringert, verringert sich auch mitlaufend der Zinsanteil zugunsten des Tilgungsanteils, wie folgende Grafik zeigt:

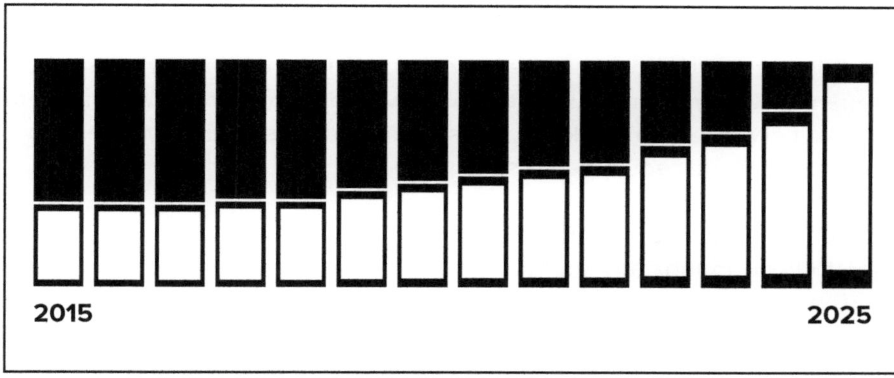

***Abb. 24:** Grafische Darstellung eines Annuitätendarlehens.*

Das Annuitätendarlehen stellt eine der häufigsten Darlehensform in Deutschland dar. Die üblichen Zinsbindungsfristen in Deutschland sind fünf, zehn oder fünfzehn Jahre.
Besonders bei der Finanzierung sollte das Immobilien-Invest-Dreieck (Liquidität, Sicherheit und Rendite) in den Fokus der Betrachtung gestellt werden. Hier geht es im Schwerpunkt darum, eine Kombination aus Finanzierungsform, -typ und Laufzeit zu wählen, die auch beim möglichen Verlust des Arbeitsplatzes, eventuellen Problemen mit den Mietern, höheren Sonderumlagen oder Reparaturen, Rückgang der Immobilienpreise oder Anstieg der Finanzierungskosten (Zinssteigerungen im Moment der Anschlussfinanzierung) kein unnötig hohes Risiko erzeugt. Eine Immobilieninvestition sollte wie ein unabhängiger Freiberufler konzeptioniert sein, der sich für Dich und Deinen Vermögensaufbau einsetzt. Entsprechend sollten hier einige Grundregeln bei der Finanzierung berücksichtigt werden:

- **Finanzierungsform:** In der Praxis hat sich ein Eigenkapitalanteil in Höhe von 20 Prozent der Anschaffungskosten als gute Ausgangsbasis erwiesen. Dieser Eigenkapitalanteil erfüllt mehrere Funktionen: Für die Bank bedeutet der Eigenkapitalanteil eine weitere Sicherheit neben der zu erwerbenden Immobilie. Banken nehmen üblicherweise einen Abschlag von 20 bis 40 Prozent vom Verkehrswert/Marktwert der Immobilie vor. Dieser Wert wird auch Beleihungswert genannt und basiert auf einer eigenen Wertermittlung der Finanzinstitute. Der Beleihungswert ist der

Wert, den eine Kreditsicherheit für den Kreditgeber repräsentiert. Dieser Beleihungswert ist oft die Obergrenze, bis zu der ein Finanzinstitut Darlehen gewähren kann. Es ist ein Wert, von dem mit hoher Wahrscheinlichkeit erwartet werden kann, dass er sich langfristig und zu jedem Zeitpunkt am Markt realisieren lässt.

Durch den Einsatz von Eigenkapital reduziert sich gleichzeitig Deine monatliche Finanzierungsrate, da Du weniger Fremdmittel aufnehmen musst, um die Immobilie zu finanzieren. Entsprechend reduziert sich Dein spezifisches Investitionsrisiko, da es bei einem eventuellen Absinken der Immobilienpreise oder bei einem Anstieg des Zinsniveaus zum Zeitpunkt der Anschlussfinanzierung zu keiner existentiell bedrohlichen Situation (durch höhere monatliche Ratenbelastungen) kommen kann. Darüber hinaus verbessern sich Deine Zinskonditionen/Verhandlungsposition bei den Finanzinstituten mit der Erhöhung des Eigenkapitaleinsatzes, da sich das Ausfallrisiko für die Banken mit einem höheren Eigenkapitaleinsatz reduziert. Der monatliche Geldmittelabfluss wird wesentlich durch das Finanzierungskonzept der Immobilie bestimmt, das heißt eine kleine Annuitätendrate sorgt für wenig Geldmittelabfluss und umgekehrt.

- **Finanzierungstyp und Laufzeit:** Mein Favorit ist ein Annuitätendarlehen mit 1 Prozent Tilgung und 10 Prozent Sondertilgung mit einer Laufzeit zwischen zehn und fünfzehn Jahren. Bei dieser Finanzierungsform vereint sich Flexibilität – durch die Möglichkeit der jährlichen Sondertilgung – mit einer niedrigen monatlichen Belastung (Sicherheit). Durch diese Kombination lassen sich in der Regel Problemstellungen wie Mieterwechsel, Zahlungsschwierigkeiten des Mieters oder überraschende Sonderzahlungen und Reparaturen abfedern. Wer die Immobilie langfristig halten will, kann problemlos langfristig finanzieren. Lange Laufzeiten reduzieren das Risiko steigender Monatsraten bei einer Erhöhung des allgemeinen Zinsniveaus. Entsprechend finanziere ich auf mindestens zehn Jahre. Darüber hinaus setze ich den positiven Cashflow (Geldmittelüberhang) konsequent für Sondertilgungen ein. Sonst besteht die Gefahr, dass bei einer Tilgungsrate von einem Prozent die Immobilie „nie“ getilgt wird. Hier ist also wieder Disziplin gefragt. Bei günstigem Zinsniveau lohnen sich auch Darlehenslaufzeiten von über zehn Jahren. In Deutschland hat der Darlehensnehmer bei Laufzeiten von über zehn Jahren ein einseitiges Sonderkündigungsrecht. Private Darlehensnehmer dürfen ab dem zehnten Jahr nach dem vollständigen Empfang des Darlehens mit einer Frist von sechs Monaten den Darlehensvertrag kündigen (§489 BGB - Ordentliches Kündigungsrecht des Darlehensnehmers). Sollte sich also das allgemeine Zinsniveau absenken, kannst Du als Darlehensnehmer Dein Darlehen vorzeitig kündigen und den Vertrag neu verhandeln. Ist das Zinsniveau gestiegen, dann bleibst Du einfach bei Deinem alten Darlehensvertrag und bedienst diesen weiter. Bei Darlehensverträgen gilt das Motto: Je länger, desto sicherer. Allerdings zahlt man für eine längere Zinsbindung in der Regel auch einen höheren Zinssatz. Im umgekehrten Fall liegt der Vorteil einer kurzfristigen Zinsbindung in den niedrigeren Zinsen und damit in einer niedrigeren monatlichen Rate. Eine kurze Zinsbindung lohnt sich in der Regel aber nur dann, wenn man durch hohe Sondertilgungen das Darlehen schnell zurückführen kann. Ansonsten steigt das Risiko, dass das Zinsniveau in der Zwischenzeit steigt und die Anschlussfinanzierung damit teurer wird. Wenn Du also Dein Darlehen nicht in kurzer Zeit zurückführen kannst – was der Regelfall sein dürfte – dann wähle lieber eine längere Zinsbindung.

Ich selbst nutze primär klassische Annuitätendarlehen, was ich Dir auch empfehlen würde. Ich bin ein Freund von minimalen Tilgungsraten (1 bis 2 Prozent). So bleibt mir mehr Geld und ich bin nicht gezwungen, die Objekte monatlich zu bezuschussen. Endfällige Darlehen gefallen mir wegen den „unsicheren“ Tilgungssubstituten wie Bausparer, Kapitallebensversicherungen oder Investmentfonds nicht. Für mich ist das ganz einfach: Alles, was die Finanzierung komplexer macht, kostet mich erfahrungsgemäß Rendite und geht zu Lasten einer zuverlässigen Kalkulierbarkeit. Ich würde Dir ebenfalls nicht empfehlen, eine Immobilie mit einem Partner zu finanzieren. Das reduziert erfahrungsgemäß die Bonität beider Darlehensnehmer: Die Kreditrate wird beiden Partnern voll angelastet und die Miete nur zu jeweils 50 Prozent gutgeschrieben. In der Praxis ist es darüber hinaus schwer, einen der beiden Darlehensnehmer wieder aus dem Darlehensvertrag entfernen zu lassen, da sich dadurch das Risiko für den Darlehensgeber erhöht. Und wer mag schon eine Risikoerhöhung oder Renditesteigerung.

8 Die Auswahl des richtigen Mieters

Neben dem Immobilieneinkauf und der Finanzierung bestimmen primär die Höhe und die Zuverlässigkeit der Mietzahlungen, ob man mit seinem Immobilienkauf eine „Geldmaschine" erworben hat oder eben nicht. Entsprechend definiert man mit der Auswahl des Objektes, der Finanzierung und mit der Auswahl des Mieters den Ertrag der Immobilie. So viel Verantwortung kann auch nervös machen. Auf der anderen Seite hat man damit aber die Kontrolle, aus einer Immobilieninvestition einen Erfolg zu machen. An dieser Stelle noch mal der ganz klare Rat: Die Immobilienauswahl sowie die Auswahl des Mieters sollten **niemals** vollständig an Dritte delegiert werden. Die letzte Entscheidung solltest Du immer selbst treffen. Erst dann, wenn Du durch Erfahrung ein gutes Augenmaß entwickelt hast, kannst Du diese Themen an Dritte vergeben. Du solltest es Dir aber nicht nehmen lassen, einen Kontrollblick vorzunehmen, bevor Du zum Notar gehst oder einem Mieter zustimmst. Eine schlechte Auswahl verzögert den Vermögensaufbau.

Bevor wir uns überlegen, was für einen Mieter wir suchen, müssen wir uns fragen: Was wollen wir in gar keinem Fall? Die Antwort darauf ist klar: Wir wollen keine Überraschungen, keine Überraschungen und keine Überraschungen. Mietausfälle, verzögerte Zahlungen, Belästigung anderer Hausbewohner (zum Beispiel durch Lärm, Geruch, Rauch und Vandalismus) und der Kaution hinterherlaufen zu müssen sind Überraschungen, die ich gerne vermeiden möchte.

Eine gute Mieterauswahl ist nur möglich, wenn es auch eine Auswahl an Mietern gibt. Das heißt, umso spezieller die Immobilie ist und umso kleiner der Markt an Nachfragern, umso kleiner ist auch die Möglichkeit, den bestmöglichen Mieter zu finden. Das bedeutet, dass das Risiko steigt, wenn es nur wenige Mietinteressenten gibt. Dann vermiete ich entweder gar nicht oder muss mich für den Mieter entscheiden, der gerade da ist. Da wir ja gelernt haben, welche Immobilien für uns interessant sind und daher die richtige Auswahl getroffen haben, können wir mit einer einfachen Anzeige dafür sorgen, dass uns genügend Mietinteressenten zur Auswahl stehen.
Wie sieht nun der optimale Mieter aus? Nur wenn ich genau weiß, wen ich will, kann ich auch nach der richtigen Person suchen. Dabei bin ich auf folgende Kriterien gestoßen, die für mich ein gutes Verhältnis zwischen Mieter und

Vermieter ausmachen: Ich bevorzuge ein langfristiges und für beide Seiten harmonisches Mietverhältnis. Ich mag keine ständigen Mieterwechsel und keine ständigen Ein- und Auszüge. Das Ausfüllen von Übergabeprotokollen ist mir ein Graus und ich möchte potentiellen Mietern auch nicht ständig die Vorzüge der Wohnung erläutern. Ich suche nach einem zuverlässigen Langzeitmieter. Ich will keinen Stress und keine Mehrarbeit. Ich bin auf der Suche nach einer bequemen Art, um Geld zu verdienen.

Solltest Du Dich bei der Vermietung für die Unterstützung durch einen Makler entscheiden, solltest du klare Regeln und Anforderungen bei der Auswahl des geeigneten Mieters formulieren. Denn letztendlich wird der Makler nicht dafür bezahlt, dass der Mieter seine Miete zahlt, sondern dafür, dass er Dir einen Mietinteressenten vermittelt. Unter einer schlechten Mieterauswahl leidet also der Vermieter. Selbstverständlich gibt es am Markt auch gute Immobilienmakler. Aber ein bisschen Misstrauen schadet nie. Das verhindert böse Überraschungen. Also immer Augen auf beim Mietertausch!

Merke: Wir suchen den stressfreien Langzeitmieter!

Streich aus Deinem Kopf bitte auch das Bild des garstigen Vermieters, der jedes Problem seiner Mieter aussitzt und dafür hohe Mieten kassiert. Das Ganze soll wie in einer kleinen und freundschaftlichen Geschäftsbeziehung laufen. Probleme werden besprochen und Lösungen gefunden, die für beide Seiten akzeptabel sind. Wohnungsdefekte werden so schnell wie möglich behoben. Wenn es einen Schaden gibt, zahlt der Verursacher des Problems. Liegt normale Abnutzung vor, zahle ich als Vermieter die Rechnung. Sollte der Mieter eine individuelle Wohnungsmodernisierung wünschen, dann finanziere ich diese vor – wenn ich kann – und ich vereinbare schriftlich mit dem Mieter eine Mieterhöhung, denn für ihn steigt damit ja auch der individuelle Wohnkomfort. Es geht nicht darum, dass die eine Seite die andere übervorteilt, sondern dass man fair und erwachsen miteinander umgeht. Nur so hat man als Vermieter die Chance auf ein gutes Mieter-Vermieter-Verhältnis. Fakt ist aber auch, dass wir uns nicht an der Nase herumführen lassen. Entsprechend sind es also folgende Kriterien, die bei der Auswahl eines Mieters wichtig sind:

- Die Miete wird immer pünktlich und spätestens zum Dritten des Folgemonats vorschüssig überwiesen.
- Die Mietkaution ist bei/vor Mietvertragsunterzeichnung sicher zu stellen (keine Mietkaution bedeutet kein Mietvertrag).
- Sollte es Probleme mit der Immobilie geben, meldet sich der Mieter sofort und zuverlässig, um Schäden sofort beseitigen zu können.
- Der Mieter pflegt einen kooperativen Kommunikationsstil und spricht Probleme direkt an.
- Sollte der Mieter mal finanzielle Probleme haben und die Miete kommt ein paar Tage später, sucht er sofort das Gespräch und man findet gemeinsam eine Lösung.
- Der Mieter geht mit der Mietsache pfleglich um. Am Besten so, als wäre es sein Eigentum und nicht nach dem Motto: „Don´t be gentle, it is rental."
- Der Mieter bevorzugt ein freundschaftliches Verhältnis zum Vermieter, das dafür Sorge trägt, dass beide Seiten sorgsam, verständnisvoll und wohlwollend miteinander umgehen.
- Der Mieter bleibt möglichst lange in der Wohnung wohnen, so dass es wenig Mieterwechsel/Umzüge gibt.

Nachdem wir das Anforderungsprofil nun kennen, stellt sich die Frage: Wie kann ich sicherstellen, dass der potentielle Mieter genau diesem Profil entspricht? Hier hat mir meine Erfahrung als Mitgründer und Prokurist eines Mikrofinanzinstitutes (www.mein-mikrofinanzierer.de) geholfen. Denn beim Thema Geld verleihen zählt das gleiche Anforderungsprofil: Man überlässt ein Gut – im Fall der Mikrofinanzierung, ein Darlehen – und erhält als Preis für die Überlassung einen Kreditzins. Als Darlehensgeber möchte man sein Geld zuzüglich der Verzinsung möglichst zuverlässig zurück erhalten und man will keinen Stress, keinen Extraaufwand und keine schlechte Stimmung. Analog dazu überlässt man bei der Vermietung eine Wohnung und möchte dafür im Gegenzug einen Mietzins (altes Wort für Miete) und das Objekt am Ende der Laufzeit unversehrt zurück erhalten. Das heißt, der Vermieter ist im Prinzip in der gleichen Rolle wie der Banker. Der Unterschied ist nur, dass Du als Vermieter für das Thema „Vermietung" keine Ausbildung genossen hast und Dir Deinen Weg nun selbst erkämpfen musst. Aber keine Angst: Dir wird geholfen!

Es geht also bei der Kreditvergabe und bei der Vermietung um das gleiche Problem. Entsprechend sind auch die gleichen Lösungsansätze anwendbar, um eine möglichst niedrige „Problemquote“ zu erhalten. Für die Auswahl des Mieters habe ich mir eine spezielle Vorgehensweise angewöhnt, mit der ich bisher gut gefahren bin. Da wir beim Interviewgespräch mit dem Mietinteressenten nur ein kleines Zeitfenster haben, nehme ich einfach alles ernst. Jede auch noch so kleine Unregelmäßigkeit des Mieters interpretiere ich als Standardverhalten des Mieters. Oder anders ausgedrückt: Das Verhalten des Mieters vor und während des Erstgespräches sehe ich als sein Normalverhalten. Das ist bestimmt nicht immer fair und ich habe damit sicherlich oft dem einen oder anderen guten Mieter Unrecht getan. Ich reduziere damit aber die Wahrscheinlichkeit, einen Problemmieter einzukaufen und schließlich hat der Mietinteressent ja die Chance, es gut zu machen. Nun zu meiner Checkliste bei der Mieterauswahl:

- **Konsequent und fair:** Sei konsequent und fair zu allen Mietinteressenten und lass Dich nicht anbetteln oder einlullen!

- **Nasenfaktor:** Eine der wichtigsten Maxime meiner Auswahl: Wenn der potentielle Mieter irgendetwas an sich hat, das mir nicht gefällt oder mein Bauchgefühl sagt mir, dass hier irgendetwas komisch ist, dann übergehe ich das niemals. Das heißt: Nutze Deinen Nasenfaktor. Versuche nicht zwanghaft herauszufinden, warum du ein ungutes Bauchgefühl hast. Fakt ist, es gibt nichts dümmeres, als sich hinterher selbst eingestehen zu müssen, dass man irgendwie von Anfang an ein ungutes Gefühl hatte. Tatsache ist: Die Wohnung gehört Dir, Du hast hart dafür gearbeitet und Du kannst mit Deinem Eigentum tun und lassen was Du willst, solange Du keine Gesetze übertrittst und anderen Menschen Schaden zufügst.

- **Verhaltensweise:** Ist der Mieter unpünktlich oder unzuverlässig, gehe ich gleich zum nächsten Kandidaten über. Denn in der Regel sind zuverlässige und pünktliche Menschen auch zuverlässige und pünktliche Mieter und umgekehrt. Da gibt es einen schönen Spruch, der besagt: So wie man sich im Kleinen verhält, verhält man sich auch in anderen Dingen. Also riskiere es nicht, Dir ständig Ausreden anhören zu müssen. Dazu besteht keine Notwendigkeit. Warum sich mit Ausreden zufrieden geben, wenn es auch den Mustermieter gibt? Du bist der Eigentümer und willst mit Deiner Investition Geld verdienen und das ist legitim. Auch wenn Du ein sozialer Mensch bist und einem Benachteiligten, der schon monatelang eine Wohnung sucht, helfen möchtest, dann stell Dir die Fragen: Warum war der Mann nicht pünktlich, warum hat er die Unterlagen nicht komplett mitgebracht und warum versteht er nicht, dass er eine Schufaauskunft mitbringen soll. Ihm ist die Wohnung doch wichtig? Wenn Du einen zuverlässigen Mieter willst, dann suche nach Zuverlässigkeit. Meine persönliche Erfahrung im Umgang mit Mikrokrediten ist: So wie der Mensch Dir im ersten Treffen begegnet, so ist er dann oft auch später. Es gibt immer wieder Ausnahmen, aber willst Du wirklich nach dieser Ausnahme suchen? Gehe den möglichst sicheren Weg und versuche generell, Überraschungen zu vermeiden! Das bringt Dir auch noch in fünf oder zehn Jahren einen zuverlässigen Mietstrom.

- **Unterlagen/Auskünfte des Mieters:** Der Mietinteressent ist rechtlich nicht dazu verpflichtet, seine Unterlagen abzugeben. Auf der anderen Seite hast Du als Vermieter Vertragsfreiheit und kannst ohne Nennung eines Grundes den Abschluss eines Mietvertrages ablehnen. Entsprechend kannst Du den Mietinteressenten um Auskunft bitten und er kann selbst entscheiden, welche Unterlagen er zum Termin mitbringen möchte und welche nicht. Ich persönlich entscheide mich niemals für einen Mieter, den ich nicht einschätzen kann.

Ich bitte Mietinteressenten um folgende Unterlagen:

Formular zur Selbstauskunft: Die Selbstauskunft erfragt persönliche Daten zur Person des Mietinteressenten: Familienstand, Anzahl der zum Haushalt gehörenden Mitglieder, befinden sich Raucher unter den Mitgliedern oder ist musizieren in der Wohnung geplant, die Kontaktdaten des Vormieters, monatlicher Nettoverdienst, Haustiere und mögliche Konkurs- oder Insolvenzverfahren und Mahnbescheide. Damit bekommst Du einen ersten guten Eindruck, mit wem Du es zu tun hast. Eine entsprechende Vorlage findest Du kostenlos unter: www.education-punk.de.

Lebenslauf: Ein Lebenslauf gibt uns ein Bild von dem beruflichen Menschen, den wir vor uns haben. Er zeigt, ob der potentielle Mieter öfters arbeitslos gewesen ist, zeigt uns das Qualifikationsniveau, mit dem der Mieter am Arbeitsmarkt antritt und in welcher Branche der Mieter beschäftig ist, um seine Brötchen zu verdienen. Ein gut qualifizierter Mieter in einer sicheren Position ist eher unser Wunschkandidat als ein weniger qualifizierter Mieter in einer Krisenbranche, der schon öfters arbeitslos gewesen ist. Von der Dauer des Beschäftigungsverhältnisses lassen sich Rückschlüsse darüber ziehen, ob der Mieter sich noch in der Probezeit befindet oder ob er sich beim Arbeitgeber schon ein gutes und solides Arbeitsverhältnis aufgebaut hat. Das Thema Zeitarbeit ist in diesem Zusammenhang eher mit Vorsicht zu betrachten, da die Beschäftigung über eine Zeitarbeitsfirma schnell zu Ende sein kann. Selbstständige sollten mindestens drei bis fünf Jahre erfolgreich tätig gewesen sein. Anstatt eines Gehaltszettels würde ich hier um die letzten drei Jahresabschlüsse bitten (Stempel des Steuerberaters oder des Buchhaltungsbüros nicht vergessen).

Schufa-Selbstauskunft: Ich bitte jeden Mieter, eine Schufa-Selbstauskunft mitzubringen. Welche Funktion die Schufaauskunft bei der Kreditvergabe hat, kannst Du im Kapital 8.1 nachlesen. Für den Vermieter ergeben sich wertvolle Informationen zum generellen Zahlungs- und Umzugsverhalten. Hilfreiches Schubladendenken: Wir unterstellen, dass ein Mieter, der seine Telefonrechnung nicht pünktlich zahlt, mit einer höheren Wahrscheinlichkeit auch seine Miete nicht pünktlich überweist. Solltest Du hier also Negativeinträge – egal welcher Art – und/oder einen Schufagesamtscore von unter 88 Prozent entdecken, solltest Du Dir gut überlegen, ob dieser Mieter der Richtige für Dich ist und im Zweifel lieber einfach weiter suchen. Denn es gibt keinen Grund, sich negativen Wahrscheinlichkeiten auszusetzen, die sich vorher schon erkennen lassen. Anders ausgedrückt: Warum will ich mich auf einen Mieter einlassen, der mit einer hohen Wahrscheinlichkeit Probleme erzeugt, wenn es doch Alternativen gibt. Selbstverständlich gibt es auch hier Ausnahmen, aber die Frage ist immer: Muss/Sollte ich wirklich nach diesen suchen? Meine persönliche Empfehlung: Empfehle Deinem Mietinteressenten, er möge seine Hausaufgaben machen und sein „finanzielles Zeugnis" aufräumen. Dann kann er sich bei der nächsten Vermietung gerne neu bei Dir bewerben. Es gibt in der Praxis keinen Grund dafür, Missverständnisse in der Schufa nicht aufzuräumen.

Langzeitmieter: Die Schufa liefert auch Auskunft darüber, wir oft der Mieter umgezogen ist. Hier stehen in der Regel der aktuelle sowie der letzte Wohnsitz. Hier kann man dann im Interview gezielt Fragen stellen. Beispielsweise wie lange man dort gewohnt hat, warum man jetzt umziehen möchte und wie lange man plant, hier zu wohnen. Hier ist manchmal ein bisschen Detektivarbeit nötig, um die „Hidden Intension“, also die versteckten Absichten des Mieters zu erkennen. Nimm Dir einfach Zeit und frage genau nach. Es macht auch Sinn, nach den Kontaktdaten des letzten Vermieters zu fragen, um sich erkundigen zu können, ob der Mieter sich zuverlässig und problemfrei verhalten hat. Wir sind auf der Suche nach einer pünktlichen, respektvollen und unproblematischen Person. Wenn ein Zeuge Dir berichtet, dass Dein Mieter genau diese Eigenschaften hat, ist das die beste Absicherung.

Der Gehaltsnachweis: Der Gehaltsnachweis soll die Informationen aus der Selbstauskunft bestätigen und Dir versichern, dass der Nettolohn des Mieters/der Mieter ausreicht, um die Miete zuverlässig zu bedienen. Dabei sollte die gesamte Miete inklusive aller Nebenkosten nicht mehr als maximal 30 bis 40 Prozent vom Nettoeinkommen betragen. Denn das bedeutet, dass sich der Mieter die Miete gut leisten kann. Als gesicherten Gehaltsnachweis sollten die drei letzten Gehalts-/Lohnzettel oder bei einem Selbstständigen die Jahresabschlüsse der letzten drei Jahre vorgelegt werden.

Kopie Personalausweis: Eine Kopie des Personalausweises dient der eindeutigen Identifikation des Mieters und verhindert damit jede Form des Identitätsdiebstahls.

Bei pflegebedürftigen Mietern oder Studenten solltest Du immer einen solventen Angehörigen als selbstschuldnerischen Bürgen unterzeichnen lassen, um so einen regelmäßigen Mieteingang sicher zu stellen. Dasselbe gilt in jedem Fall für Personen, bei denen Du Dir mit dem regelmäßigen Mieteingang nicht sicher bist. Bei Wohngemeinschaften sollte jeder Bewohner als Mieter in den gesamtschuldnerischen Vertrag eintreten beziehungsweise den Mietvertrag mit unterzeichnen.
Diese Form des Auswahlprozesses scheint auf den ersten Blick übervorsichtig zu sein und genau das ist er auch, denn wir wollen keinen Boden für negative Überraschungen schaffen. Du kannst Dir kostenfrei eine Checkliste mit allen notwendigen Unterlagen sowie eine entsprechende Vorlage für die Selbstauskunft des Mieters von der Seite www.education-punk.de herunterladen, damit der Auswahlprozess für Dich so einfach wie möglich ist.

Jetzt fehlt nur noch mein Schlusswort und Dir viel Erfolg zu wünschen mit Deinem Vermögensaufbau mit Immobilien! Wenn Dir noch Informationen fehlen, Du in meinem Buch Verbesserungsmöglichkeiten feststellst oder Dir mein Buch weitergeholfen hat, dann würde ich mich sehr über Deine Rückmeldung freuen (www.education-punk.de). Denn auch ich habe noch viel zu lernen und man kann niemals alles wissen. Feedback ist also erwünscht!

9 Schlusswort

Eines der Probleme von Ratgebern und Fachartikeln ist, dass diese oft von Menschen geschrieben werden, die nur über theoretisches Wissen verfügen. Ich selbst bezeichne diese Art von Wissen als Eunuchenwissen. Man weiß, wie es geht, aber man kann einfach nicht. Im Volksmund wird dieser Personenkreis auch gerne als Mundhandwerker bezeichnet. Im Immobilienbereich wären das dann wohl Personen, die über die Vor- und Nachteile von Immobilieninvestments schreiben, aber selbst kaum eine Handvoll davon besitzen oder in Summe jemals besessen haben. Meine Empfehlung an dieser Stelle: Suche nach Mentoren oder Vorbildern, die heute schon da sind, wo Du morgen sein willst. Genau diese Menschen bringen Dich weiter und können Dir erzählen, wie das Immobiliengeschäft funktioniert. Viele Menschen träumen davon, von ihren Mieteinnahmen leben zu können, scheuen aber den Ausbildungs- und Erfahrungsprozess, durch den man durch muss, um dieses Ziel zu erreichen. Wachse an Deinen Erfahrungen, sei diszipliniert und setze Dir kleine erreichbare Ziele, die Du dann umsetzt.
In diesem Buch habe ich Dir, ohne etwas zu verschweigen, meine persönlichen Erfahrungen zum Vermögensaufbau mit Immobilien dargestellt. Ich bin sicher, dass mein Weg nicht der einzige ist, aber er hat für mich gut funktioniert und ich habe ihn so weiterentwickelt, dass er von jedem als Instrument genutzt werden kann, um mit Immobilien ein Vermögen aufzubauen. Ich kann Dir versichern, dass ich keine Geschenke erhalten habe. Mein heutiges Erfahrungswissen war harte Arbeit, über dessen Früchte ich mich heute freue!
Ein Grund, warum viele Menschen keinen Erfolg haben ist, dass sie nur das Ergebnis haben wollen, aber nicht bereit sind, die Arbeit zu machen, die erforderlich ist, um das Gewünschte zu erreichen. Es ist wichtig zu wissen, dass es nicht das Geld ist, das Dich am Ende vermögend macht, sondern das Wissen, das Du im Immobilienbereich erworben hast und das es Dir ermöglicht, immer wieder von vorne anzufangen.

Ich wünsche Dir viel Erfolg.
Florian

Stichwortverzeichnis

H

I

J

K

L

M

N

Abbildungsverzeichnis

Education Punk Ausbildungsprogramm

Viele Menschen lernen nicht so gerne aus Büchern, sondern bevorzugen das direkte Gespräch mit einem Mentor. Zu diesem Zweck habe ich speziell zu diesem Buch ein vierstündiges Einzelmentorenprogramm entwickelt:

„Das 1*1 des Immobilien Millionärs“

Lernziel dieses Beratungspaketes ist es, wie ein Immobilieninvestor zu denken und zu handeln, um ein Immobilienvermögen aufzubauen, das Dir ermöglicht, das Leben zu leben, das Du Dir wünschst.

Neben dem Kursprogramm sind natürlich auch offene Fragen zum Vermögensaufbau erwünscht.

Auf der Internetseite www.education-punk.de kannst Du Dich über die Details und Konditionen dieses Programms erkundigen.

Ich freue mich auf Deinen Besuch!
Florian

Haftungsausschluss

Der Autor beschreibt den Aufbau eines Immobilienvermögens aus seiner eigenen Erfahrungsperspektive und bei gewissenhafter Prüfung der Markt- und Rechtslage zum Zeitpunkt des Ersterscheinens. Das Buch bietet Entscheidungshilfen für die Lösung typischer Fragen im Zusammenhang mit Immobilien, ersetzt aber nicht eine kritische Überprüfung sämtlicher im Zusammenhang mit dem Aufbau eines Immobilienvermögens auftretender Fragen und Entscheidungsmöglichkeiten im Einzelfall.

Notizen

Notizen